Piano - Vocal - Guitar

THE VERY BEST OF

ISBN: 978-1-4234-3350-7

HAL•LEONARD®
CORPORATION

7777 W. BLUEMOUND RD. P.O. BOX 13819 MILWAUKEE, WI 53213

Visit Hal Leonard Online at
www.halleonard.com

CONTENTS

AMANDA

Words and Music by
TOM SCHOLZ

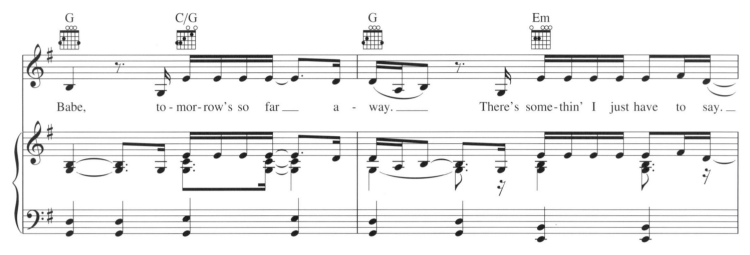

Babe, to-mor-row's so far a - way. There's some-thin' I just have to say.

I don't think I could hide what I'm feel-in' in - side an -

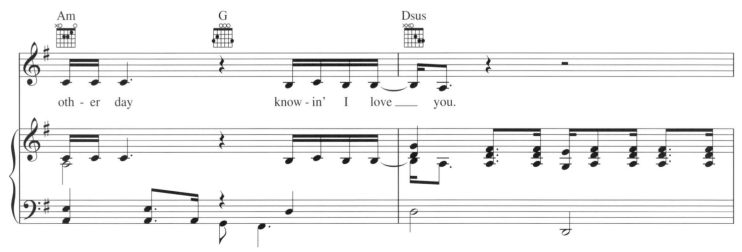

oth - er day know - in' I love you.

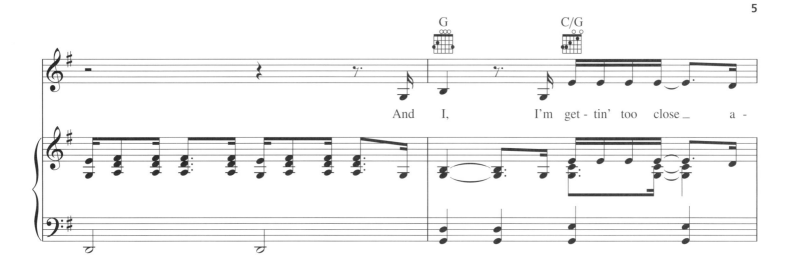

And I, I'm get-tin' too close _ a -

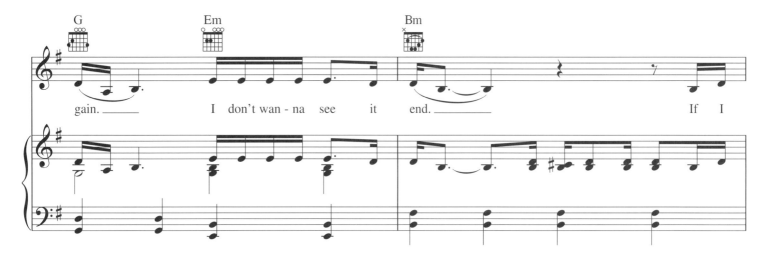

gain. _____ I don't wan-na see it end. _____ If I

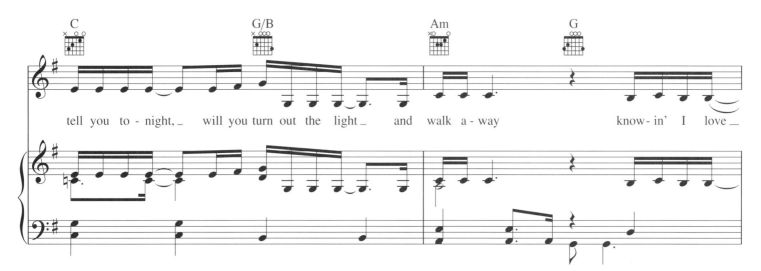

tell you to-night, _ will you turn out the light _ and walk a-way know-in' I love _

_____ you? I'm gon-na

take you by sur-prise and make you re-al-ize, A - man - da. I'm gon-na

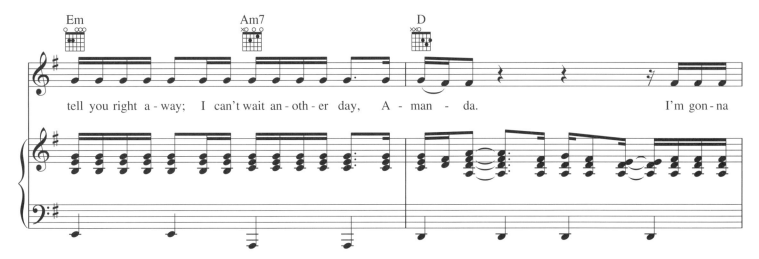

tell you right a-way; I can't wait an-oth-er day, A - man - da. I'm gon-na

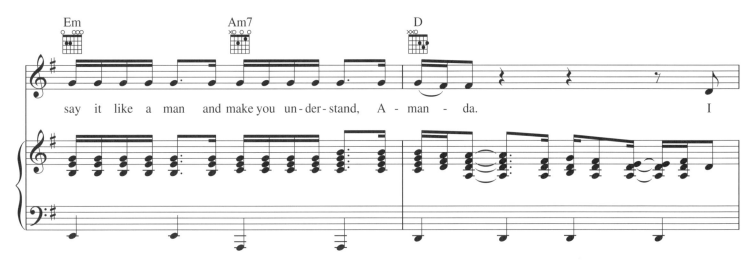

say it like a man and make you un-der-stand, A - man - da. I

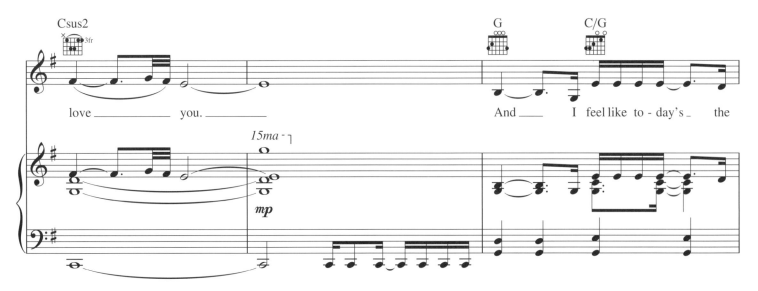

love _____ you. _____ And _____ I feel like to-day's _ the

day. _____ I'm look-in' for the words to say. _____ Do you

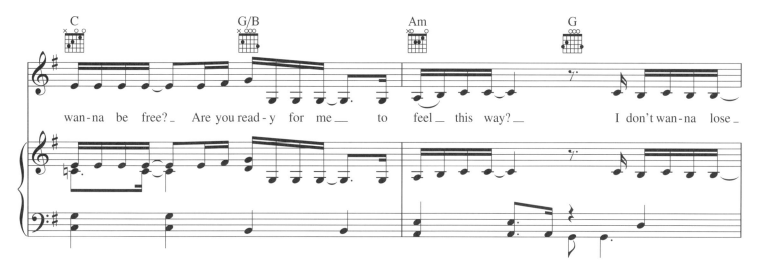

wan-na be free?_ Are you read-y for me __ to feel __ this way?__ I don't wan-na lose __

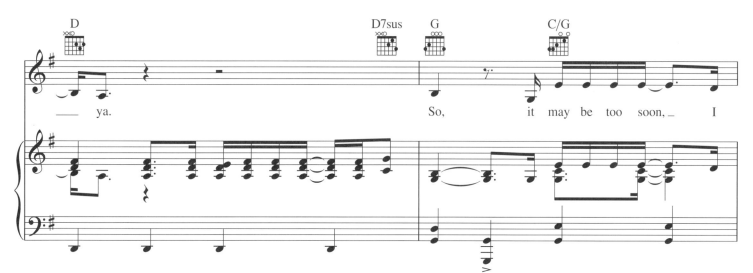

___ ya. So, it may be too soon, _ I

know. _____ The feel-in' takes so long to grow. _____ If I

tell you to - day, __ will you turn me a - way __ and let me go? __ I don't wan-na lose __

you. __

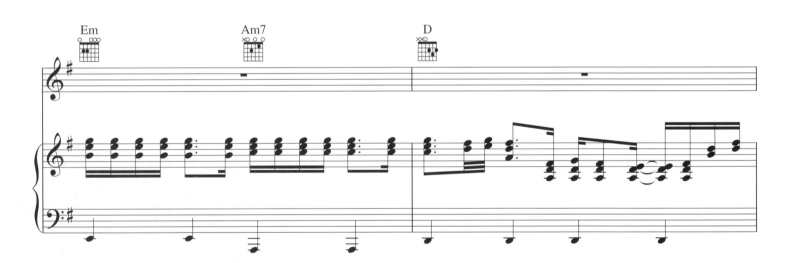

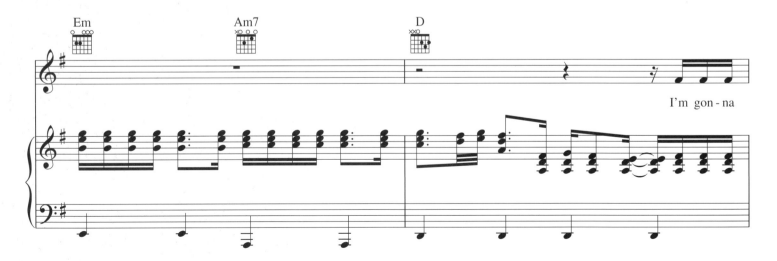

I'm gon - na

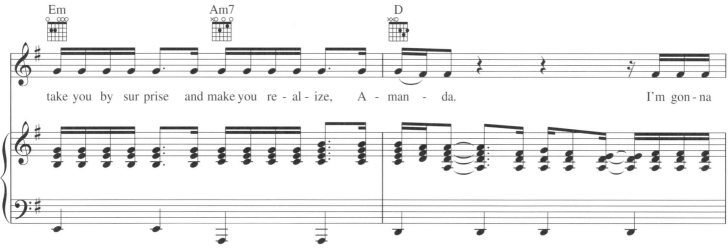

take you by sur-prise and make you re-al-ize, A-man-da. I'm gon-na

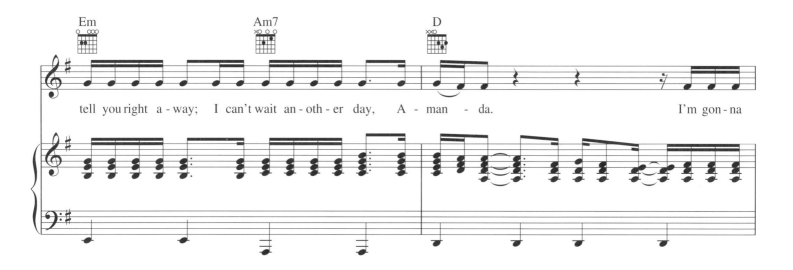

tell you right a-way; I can't wait an-oth-er day, A-man-da. I'm gon-na

say it like a man and make you un-der-stand, A-man-da.___ Oh,__ girl.___

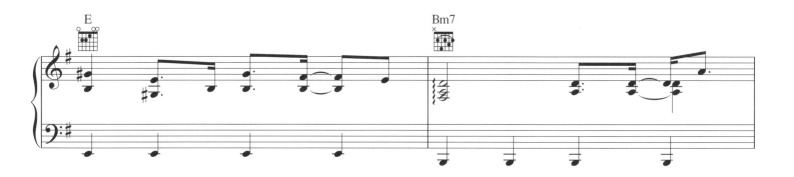

You and I, _____ I know that we _____ can't wait. _____ And I swear, _

_____ I swear it's not a lie, _____ girl. To - mor-row may be too late. _____

You, you and I, _____ girl, we can share a life _____ to - geth - er. It's now or nev-

DON'T LOOK BACK

Words and Music by
TOM SCHOLZ

(1., D.S.) Don't look back, ___ (a new day is break - in'.) It's
(2.) bright ho - ri - zon (and I'm a - wak - in'.) ___ Oh, I

been so long ___ since I felt this way. ___ I don't mind ___ (where
see my - self ___ in a brand - new way. ___ The sun is shin - in', (the

I fi - n'lly see the dawn ar - riv -

- in'. I see __

__ be - yond the road I'm driv - in'.

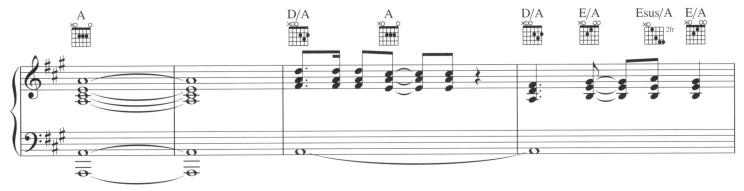

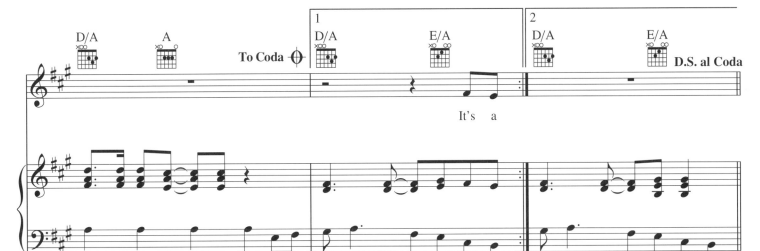

It's a

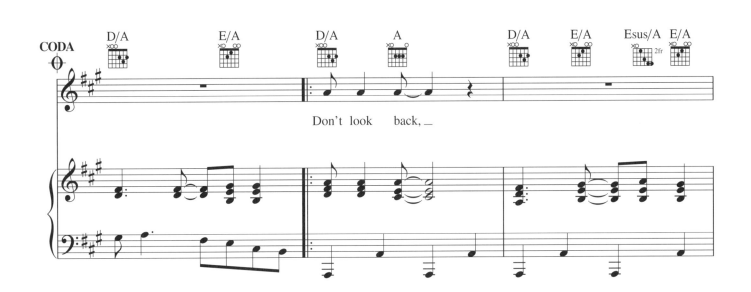

Don't look   back, __

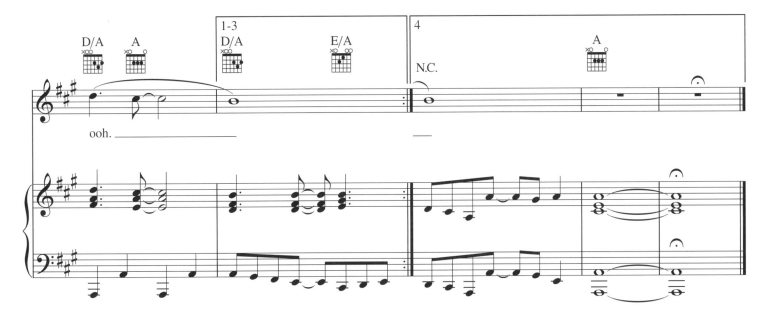

ooh. ____

FEELIN' SATISFIED

Words and Music by
TOM SCHOLZ

Moderately fast

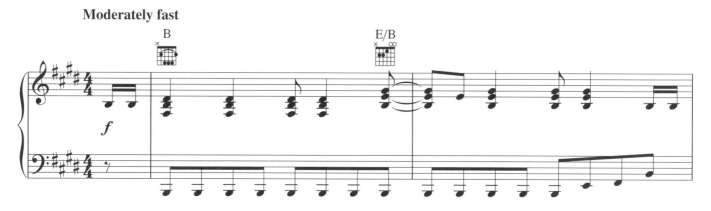

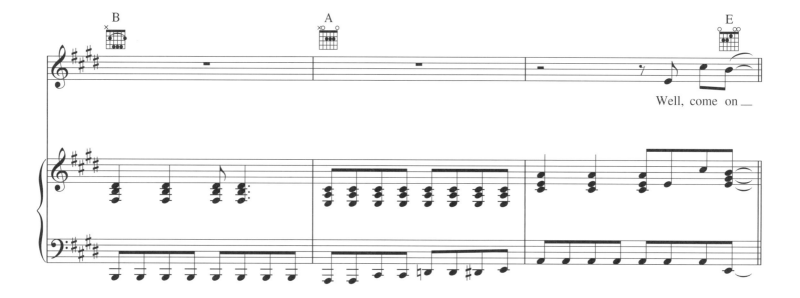

Well, come on ___

___ all you peo - ple, the time has come to get to - geth - er. ___
___ that funk - y feel - in' is what you need to get you through. ___

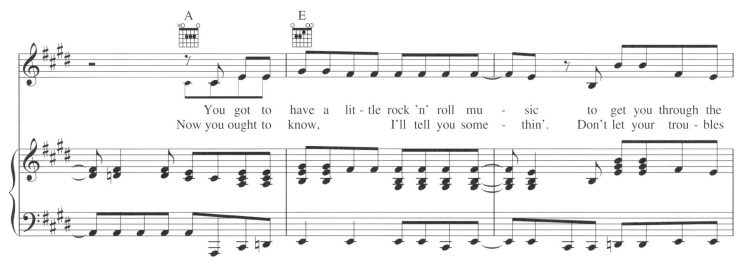

You got to have a lit-tle rock 'n' roll mu - sic   to get you through the
Now you ought to know,   I'll tell you some - thin'. Don't let your trou - bles

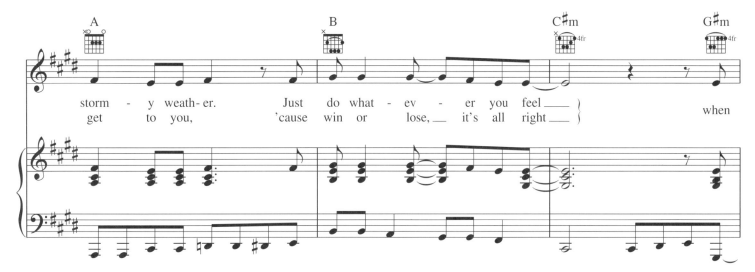

storm - y weath - er.   Just do what - ev - er you feel   }
get to you,   'cause win or lose,   it's all right   } when

you let go.   Noth-in's gon - na help you more than   rock 'n' roll.   So, come on

    and put your hands to - geth - er.   Yeah, come on,   put your hands to - geth -

-er.___ Well, come on,___ you know it's now or nev - er. Take a chance on rock___

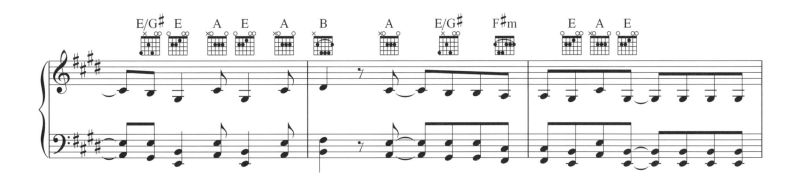

___ 'n' roll. _____

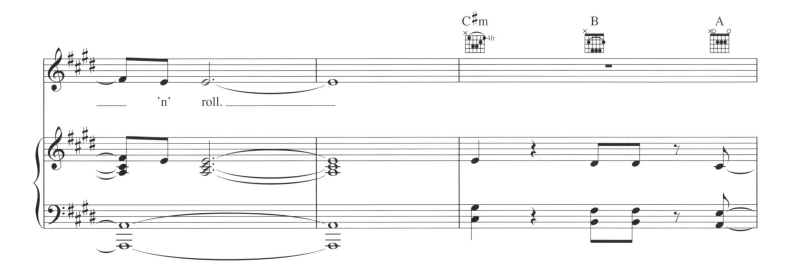

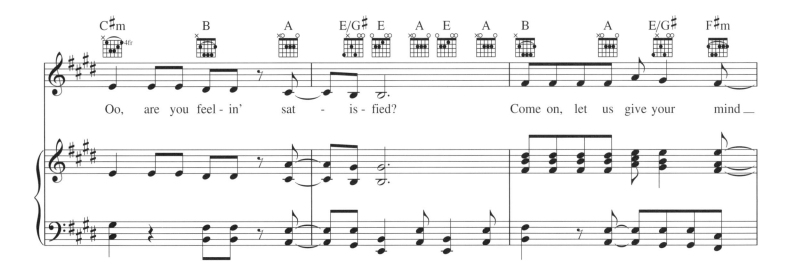

Oo, are you feel-in' sat - is - fied? Come on, let us give your mind___

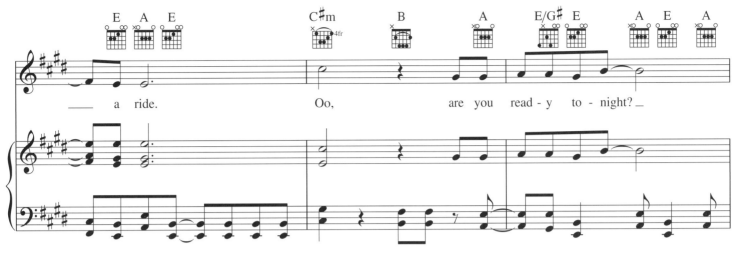

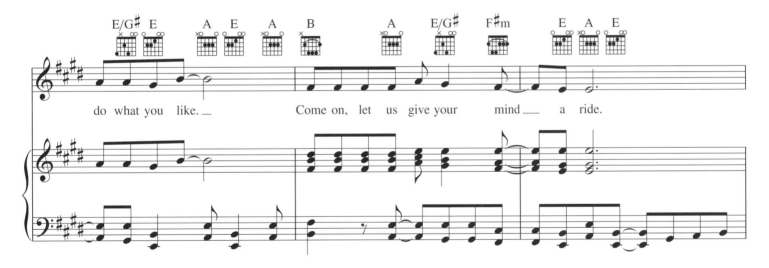

To Coda ⊕

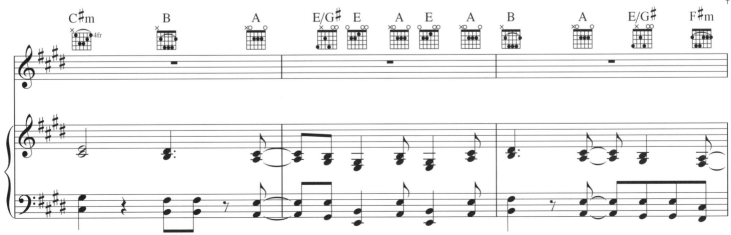

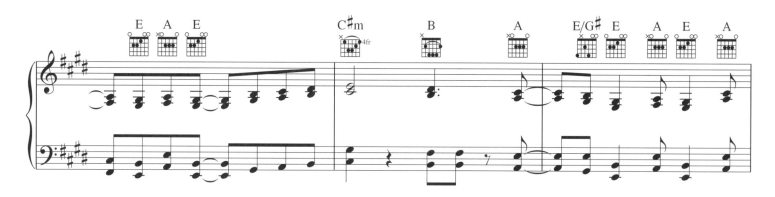

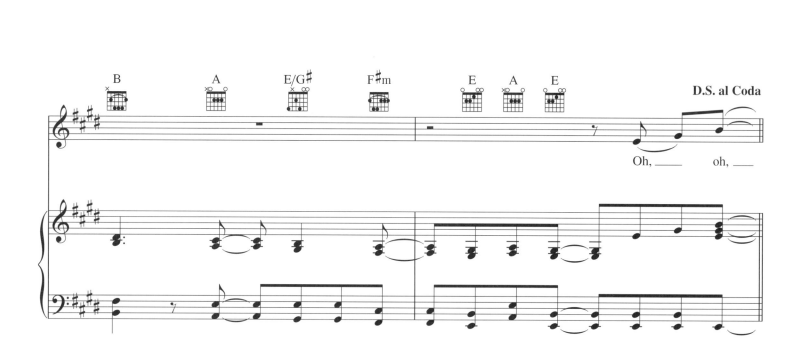

Oh, ____ oh, ____

D.S. al Coda

CODA

Repeat and Fade

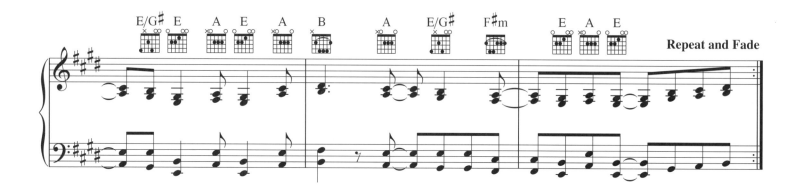

HITCH A RIDE

Words and Music by
TOM SCHOLZ

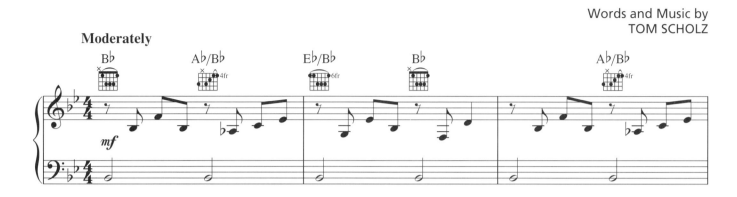

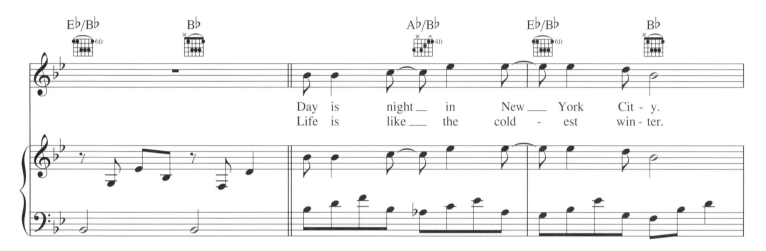

Day is night __ in New __ York Cit - y.
Life is like __ the cold - est win - ter.

Smoke, like wa - ter, runs __ in - side. __ Steel i - dle trees __
Peo - ple freeze __ the tears __ I cry, words of hail their minds __

__ to pit - y, ev - 'ry liv - in' thing __ that's died. __
__ are in - to. I've got to crack __ this ice __ and fly. __

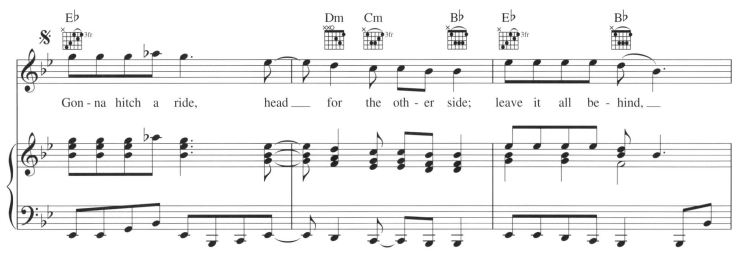

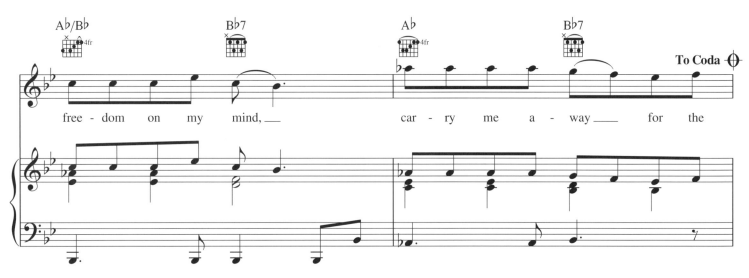

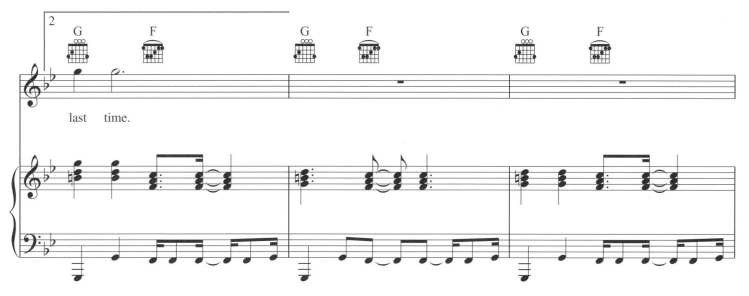

last time.

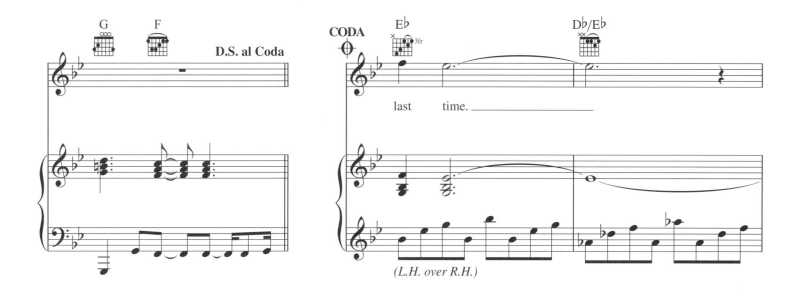

D.S. al Coda

CODA

last time.

(L.H. over R.H.)

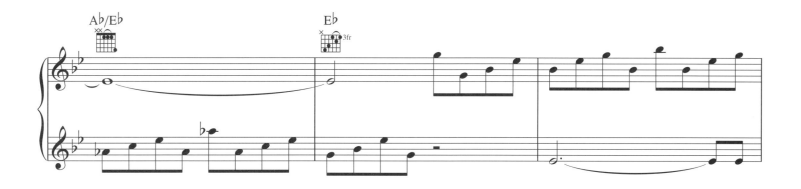

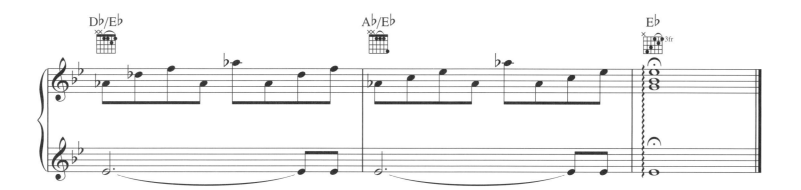

FOREPLAY/LONG TIME

Words and Music by
TOM SCHOLZ

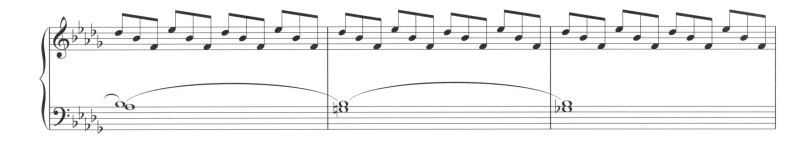

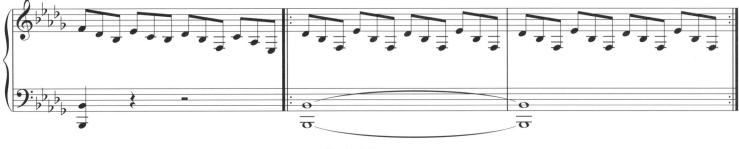

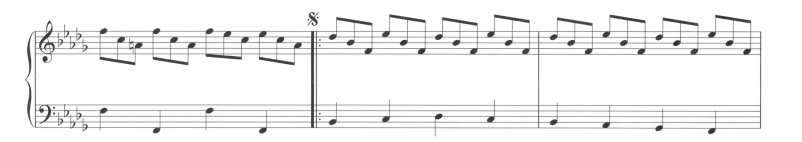

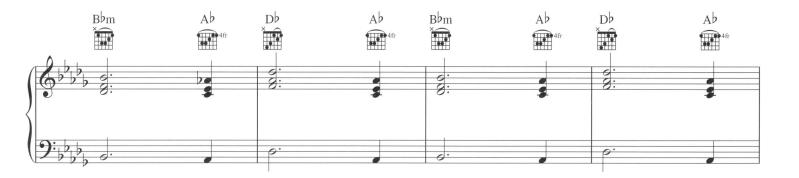

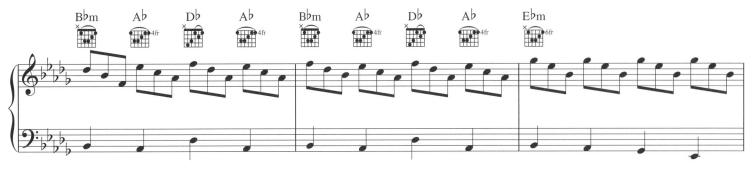

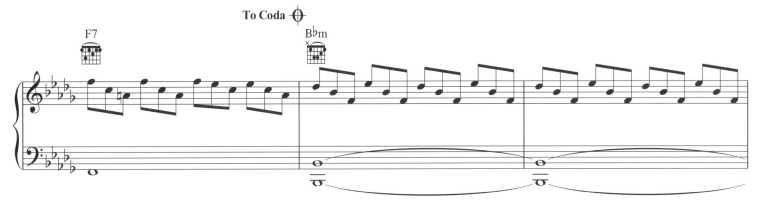

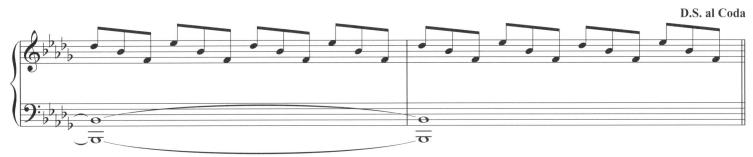

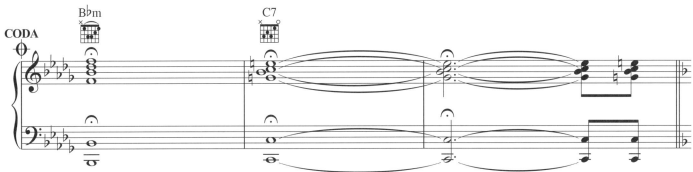

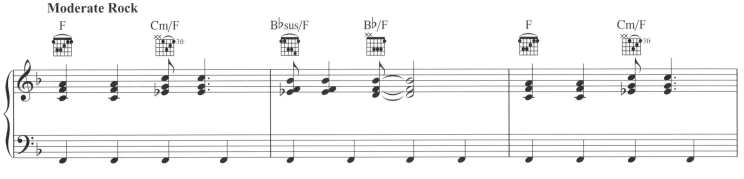

LONG TIME
Words and Music by
TOM SCHOLZ

Moderate Rock

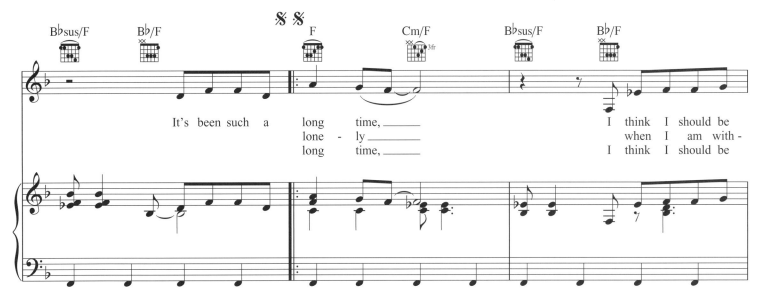

It's been such a long time, _____
lone - ly _____
long time, _____ I think I should be
when I am with -
I think I should be

go - in', _____ yeah. ____
out ___ you, _____ And time does-n't wait for me, ___
go - in', _____ yeah. ____ but in my mind, deep in my mind, _
And time does-n't wait for me, ___

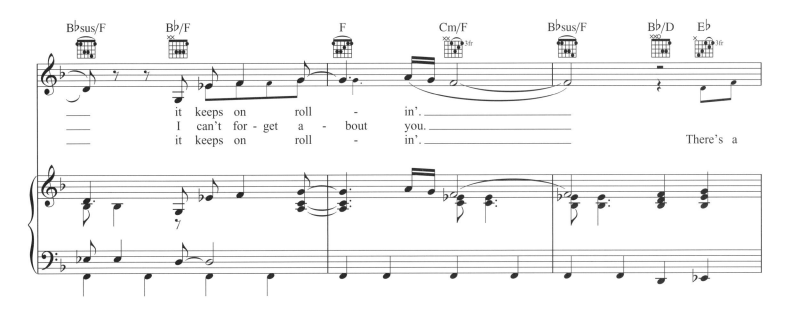

_____ it keeps on roll - in'. _____
_____ I can't for-get a - bout you. _____
_____ it keeps on roll - in'. _____ There's a

B♭ F E♭ B♭
(Well, I'm tak - in' my time.) I'm just - a mov - in' on.
F E♭ B♭ F E♭
You'll for - get a - bout me af - ter I've been gone. (And I take what I find.) I don't
B♭ F E♭ Dm
want no more; it's just out - side of your front door.
G
Ah, yeah, yeah, yeah. It's been such a long time.
3fr

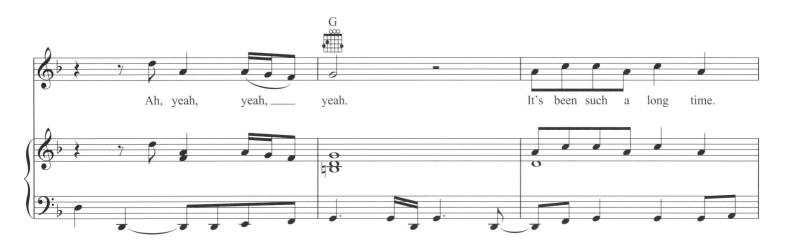

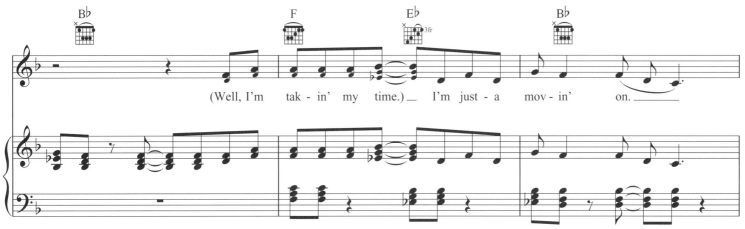

It's been such a long time. _____

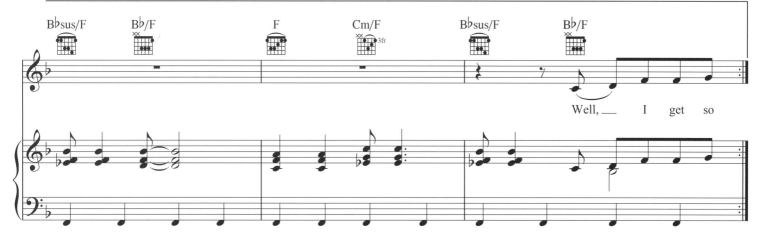

Well, _____ I get so

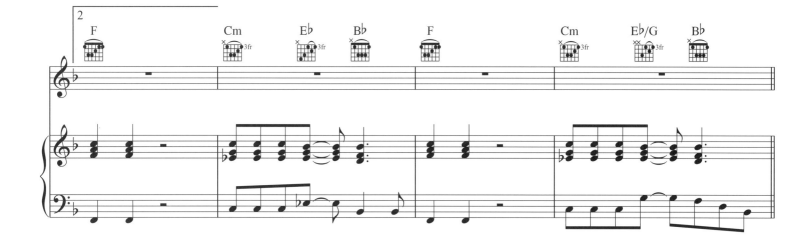

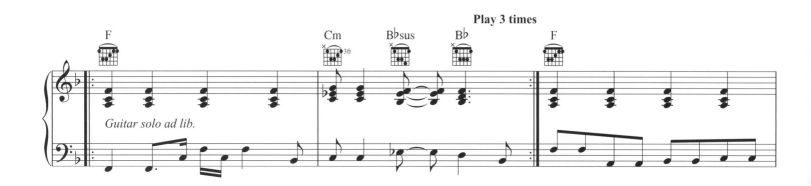

Guitar solo ad lib.

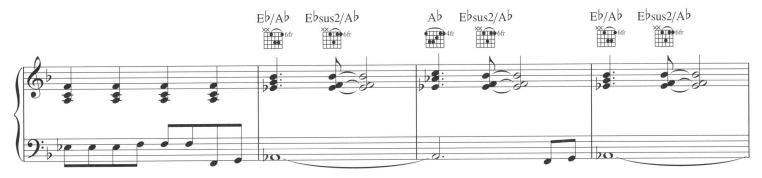

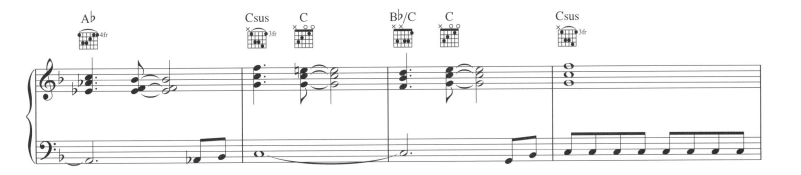

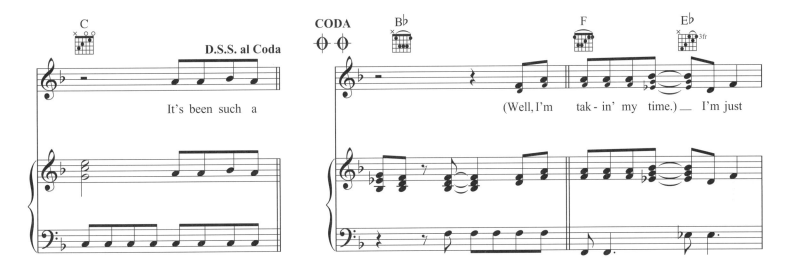

IT'S EASY

Words and Music by
TOM SCHOLZ

Moderately fast

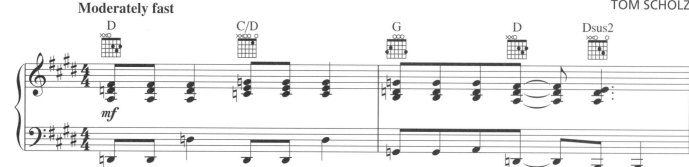

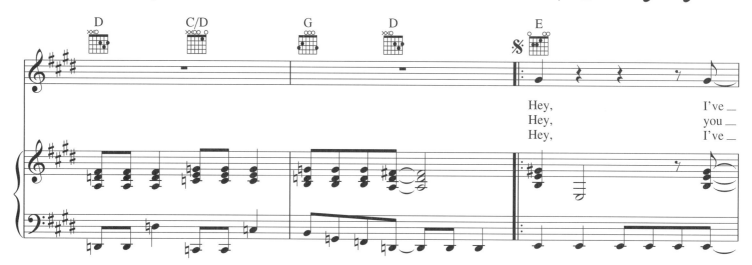

Hey, _____ I've ___
Hey, _____ you ___
Hey, _____ I've ___

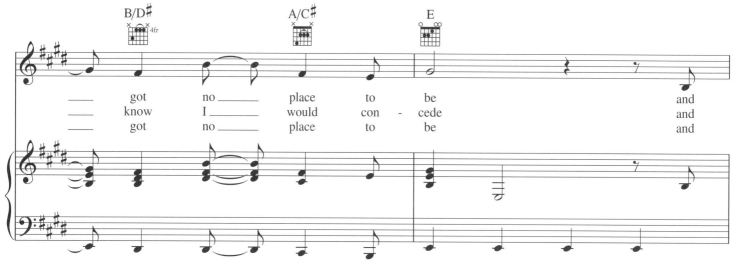

_____ got no _____ place to be _____ and
_____ know I _____ would con - cede _____ and
_____ got no _____ place to be _____ and

no one I'd ___ rath - er see. I won't ___ mind _____ if
I think we ___ both a - gree. You and I _____ can
no one I'd ___ rath - er see. I won't ___ mind _____ if

you can   find _____   the   time   to   stay ____ with   me. ____
tes - ti - fy _____   that   love   is   what ____ we   need. ____
you should   find _____ that   you're   in   love ____ with   me. ____

_____   I've   got   no   time   for   wast - in',   I
_____   Just   take   a   look   a - round   you,
_____   We   got   no   time   to   wor - ry,

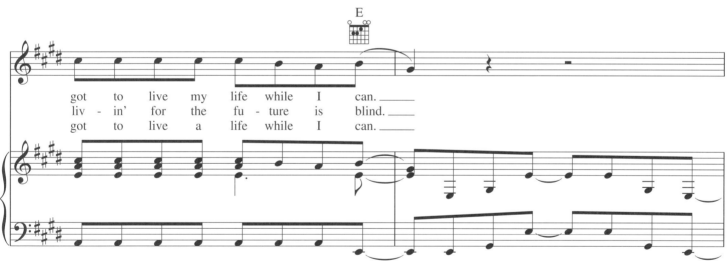

got   to   live   my   life   while   I   can. _____
liv - in'   for   the   fu - ture   is   blind. ____
got   to   live   a   life   while   I   can. _____

I _____   won't   hide _____   if
I _____   be - lieve _____   what
I _____   won't   hide _____   if

you de - cide _____ to let me be _____ your man. _____
we a - chieve _____ will soon be left _____ be - hind. _____
you de - cide _____ to let me be _____ your man. _____

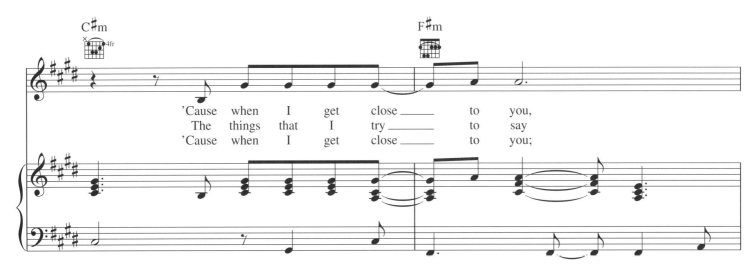

'Cause when I get close _____ to you,
The things that I try _____ to say
'Cause when I get close _____ to you;

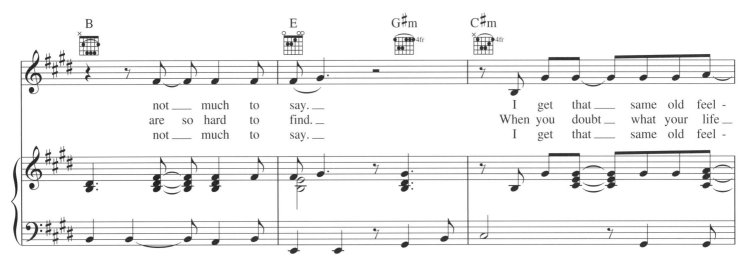

not _____ much to say. _____   I get that _____ same old feel -
are so hard to find. _____   When you doubt _____ what your life
not _____ much to say. _____   I get that _____ same old feel -

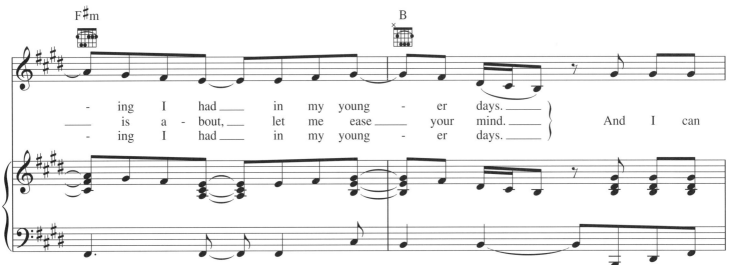

- ing I had _____ in my young - er days. _____
_____ is a - bout, _____ let me ease _____ your mind. _____   And I can
- ing I had _____ in my young - er days. _____

show you the way. ___ It's just a game we play.

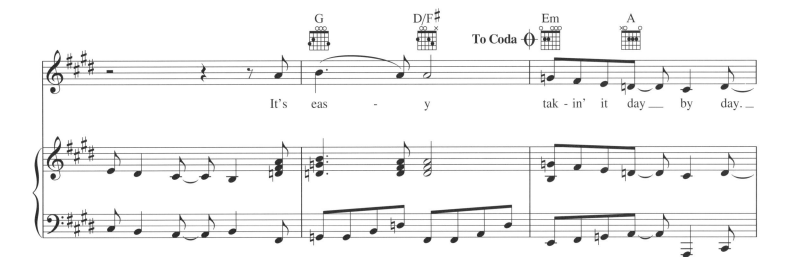

It's eas - y tak - in' it day __ by day. __

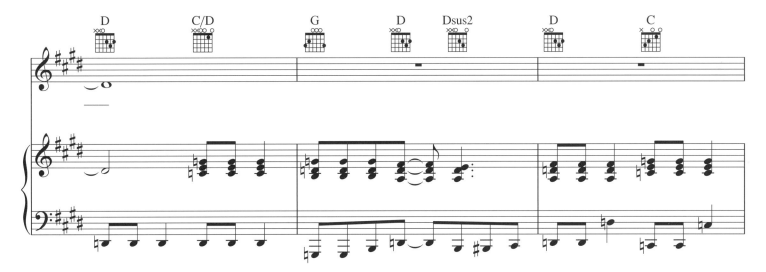

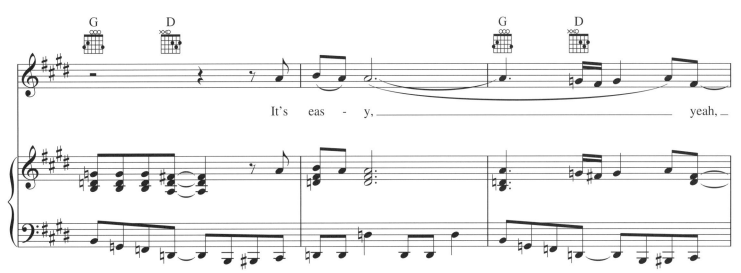

It's eas - y, _____ yeah, __

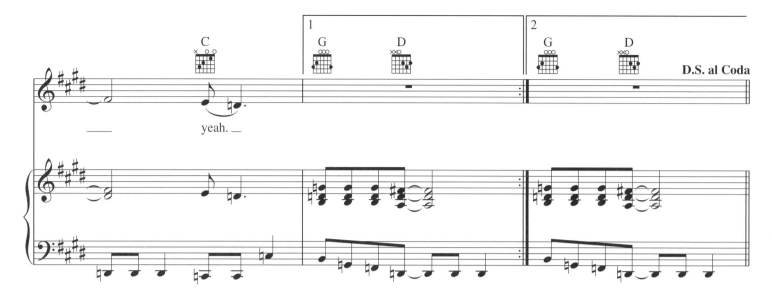

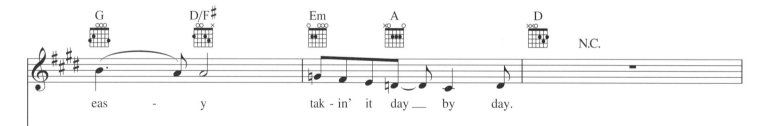

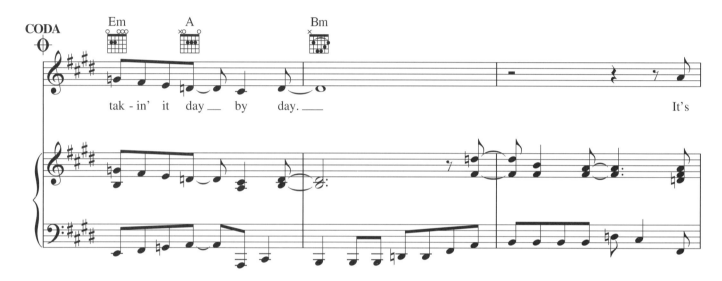

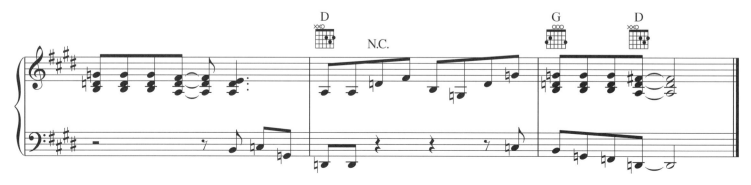

LET ME TAKE YOU HOME TONIGHT

Words and Music by
BRAD DELP

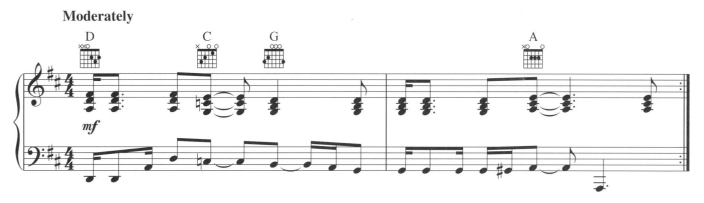

Now, I'm ___ not like this, ___ I'm real-ly kind ___ of shy; ___
You must ___ un-der-stand this: ___ I've watched you for ___ so long
I don't want to down you, ___ I want to make ___ you high. ___

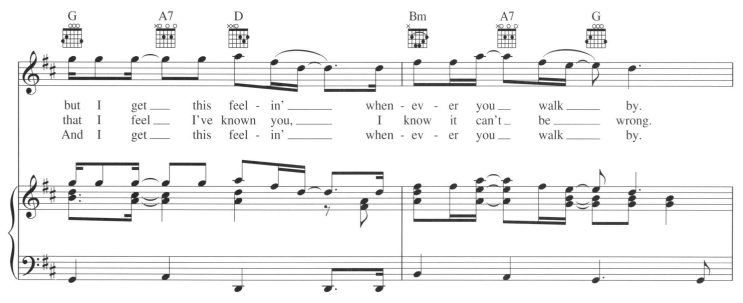

but I get ___ this feel-in' ___ when-ev-er you ___ walk ___ by.
that I feel ___ I've known you, ___ I know it can't ___ be ___ wrong.
And I get ___ this feel-in' ___ when-ev-er you ___ walk ___ by.

I don't __ want to down you, __ I wan - na make __ you high. ____ If
If we just get to - geth - er, ___ I wan - na make __ you see; _____ I'm
If we just get to - geth - er, ___ I'm gon - na make __ you see; _____ I'm

you could see __ your way __ to me, _____ come on and let __ me try. ____
dream - in' of __ your love __ to - night, _____ so ma - ma, let __ it be. ____ } Let me take you
dream - in' of __ your sweet __ love to - night, _ so ma - ma, let __ it be. ____

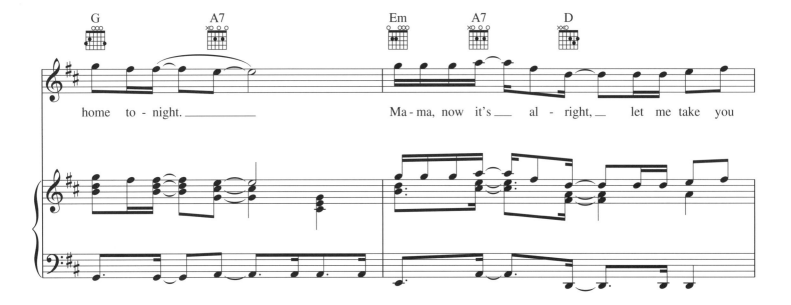

home to - night. ____ Ma - ma, now it's __ al - right, __ let me take you

home to - night. _____ I'll show you sweet __ de - light. ___

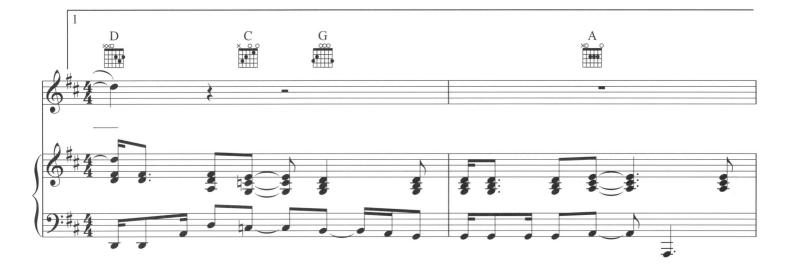

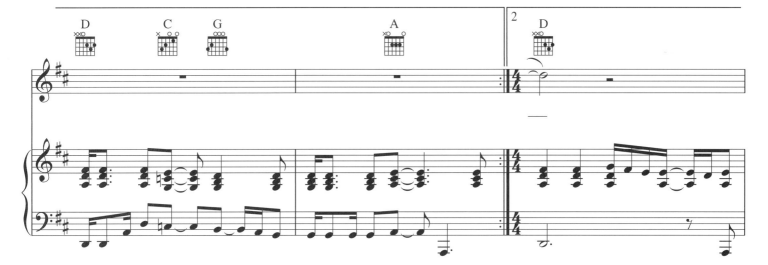

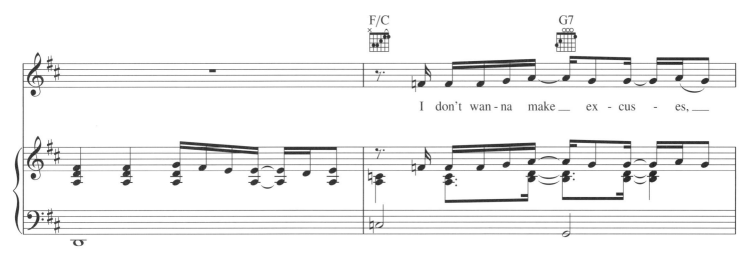

I don't wan - na make __ ex - cus - es, __

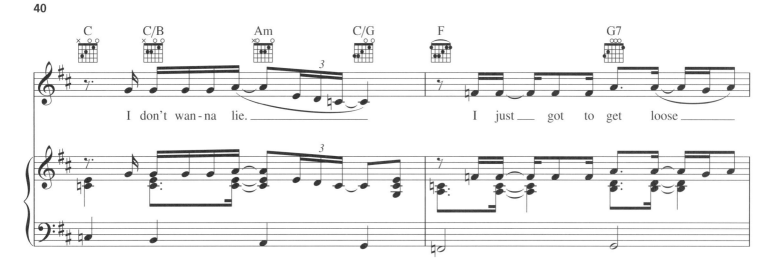

I don't wan-na lie. _____ I just _ got to get loose _____

with you to-night. _____

CODA

I'm gon-na

D.S. al Coda

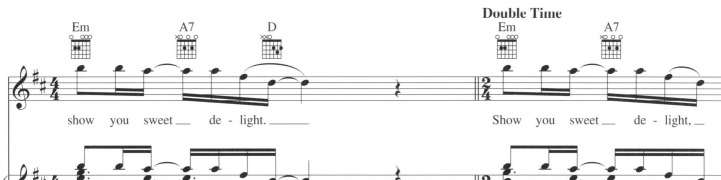

Double Time

show you sweet _ de - light. _____ Show you sweet _ de-light, _

pret - ty ma - ma, ma - ma, show you sweet _ de - light. _

Let me _____ take you home _____ to - night.

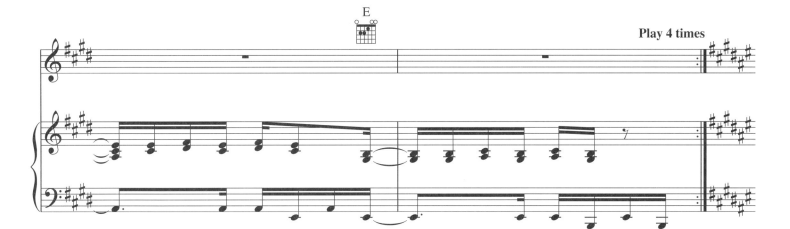

Play 4 times

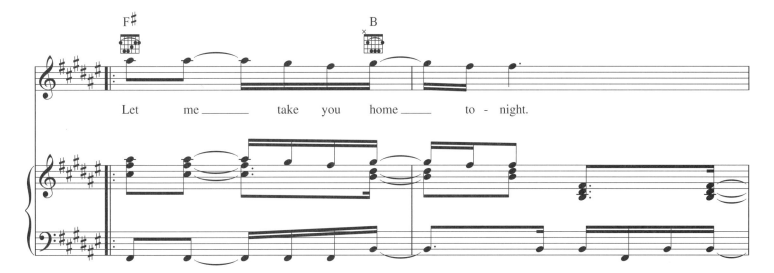

Let me _____ take you home _____ to - night.

Repeat and Fade

A MAN I'LL NEVER BE

Words and Music by
TOM SCHOLZ

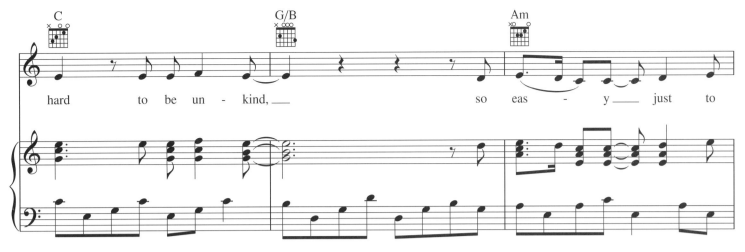

hard to be un - kind, ___ so eas - y ___ just to

say that ev - 'ry - thing ___ is just ___ the way it ___ seems. ___

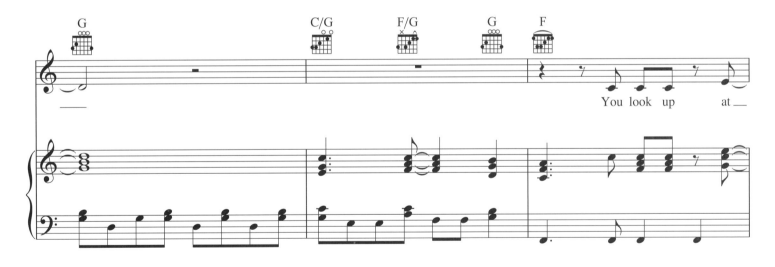

You look up at ___

___ me and some-where in your mind you see ___

a man _____ I'll nev-er be.

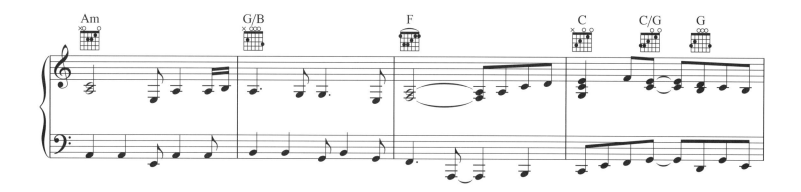

If on-ly I could find a way, I'd feel like I'm the

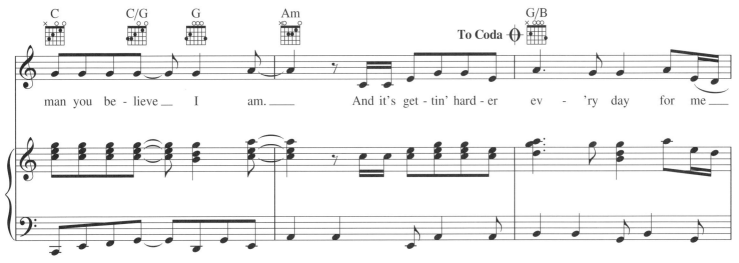

man you be - lieve _ I am. _ And it's get - tin' hard - er ev - 'ry day for me _

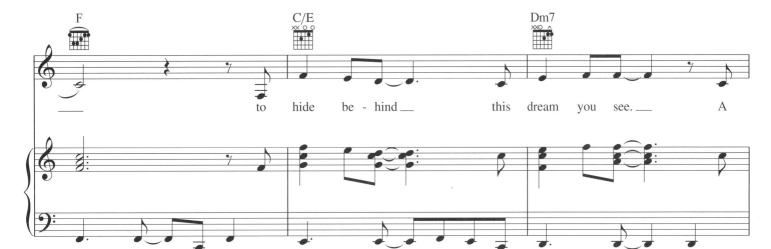

_ to hide be - hind _ this dream you see. _ A

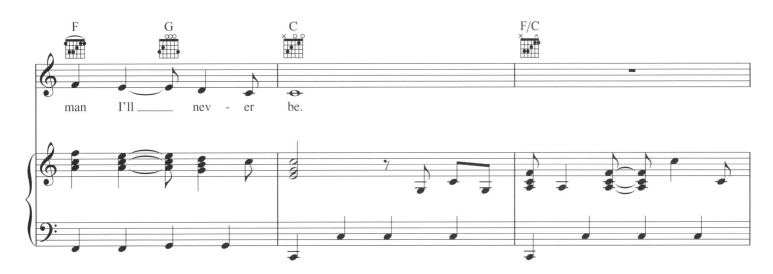

man I'll _ nev - er be.

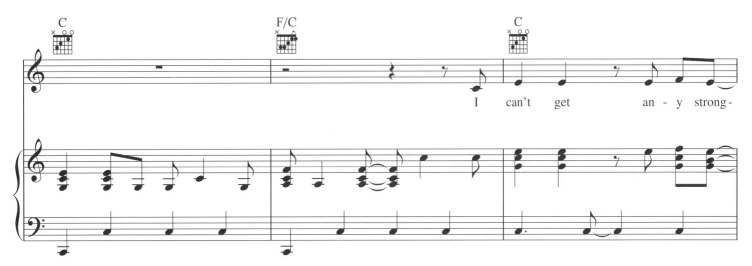

I can't get an - y strong-

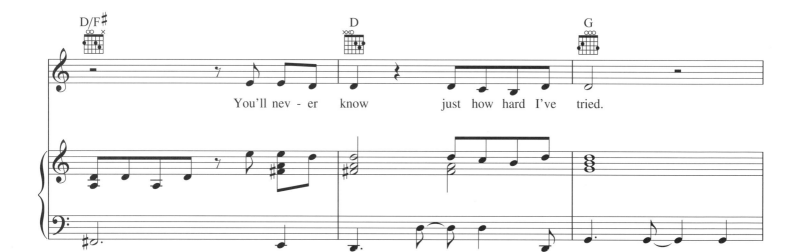

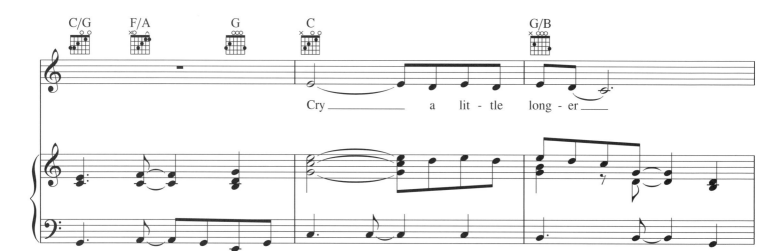

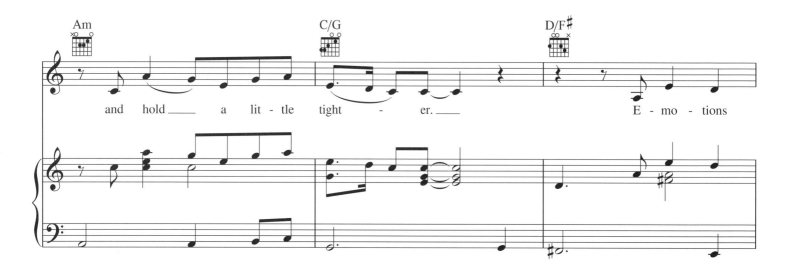

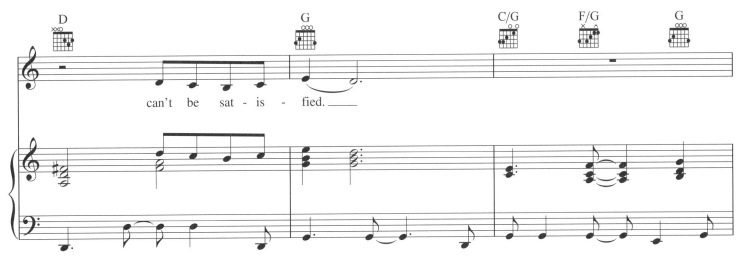

can't be sat-is-fied. ____

You look up at ____ me and some-where in your mind you

see ____ a man _____ I'll nev-er be. ____

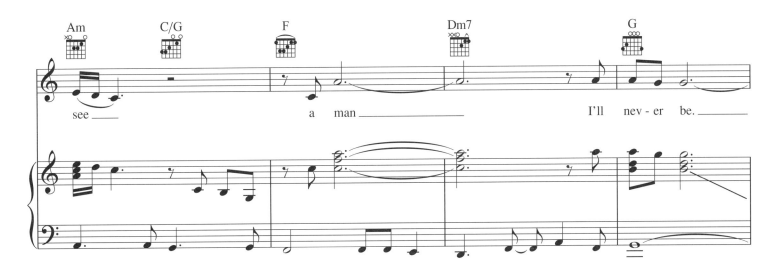

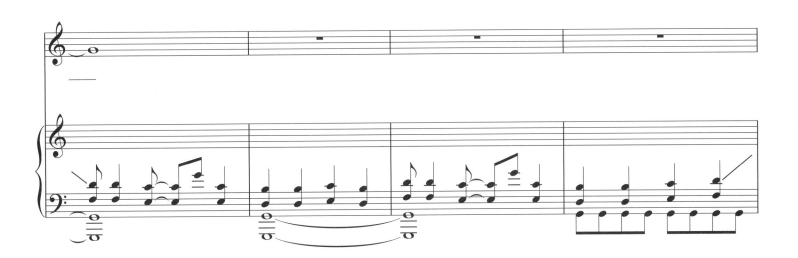

D.S. al Coda

ev - 'ry day   for me. _____   I can't keep hid-in' this feel   -   in'.

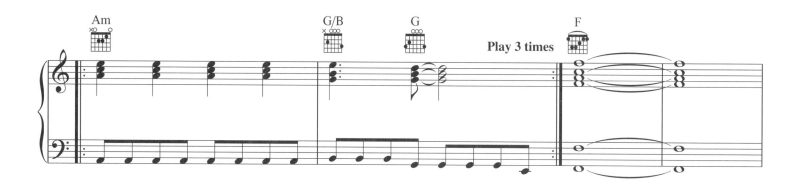

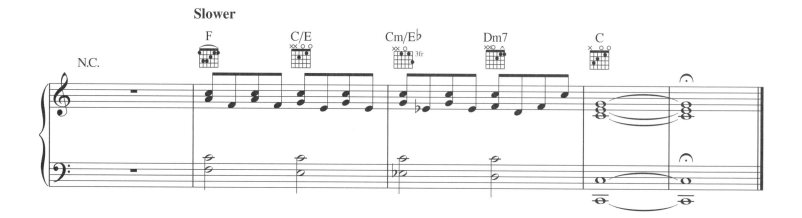

MORE THAN A FEELING

Words and Music by
TOM SCHOLZ

Medium Rock

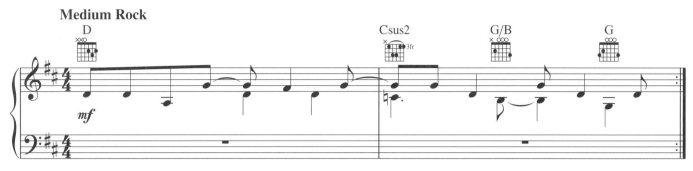

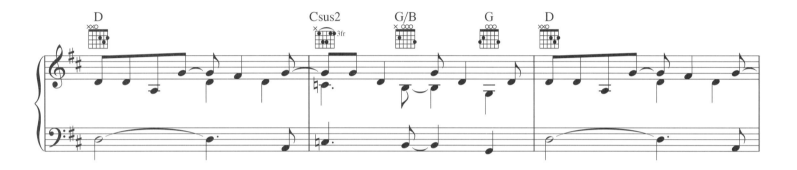

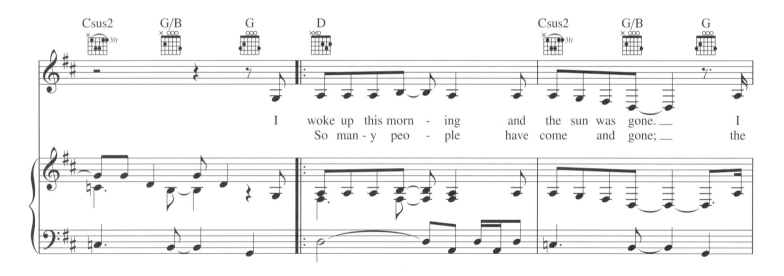

I woke up this morn - ing and the sun was gone. ___ I
So man - y peo - ple have come and gone; ___ the

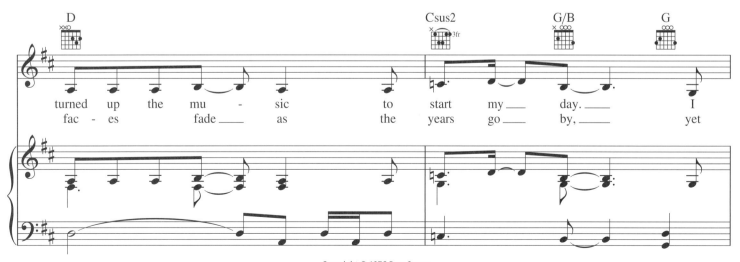

turned up the mu - sic to start my ___ day. ___ I
fac - es fade ___ as the years go ___ by, ___ yet

lost my - self ____ in a fa - mil - iar song. I
I still re - call ____ as I wan - der on, as

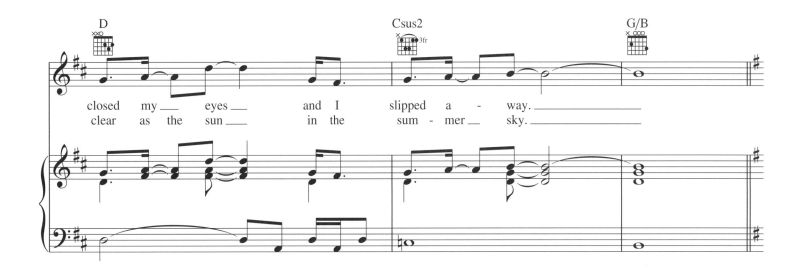

closed my ___ eyes ____ and I slipped a - way. ____
clear as the sun ___ in the sum - mer ___ sky. ____

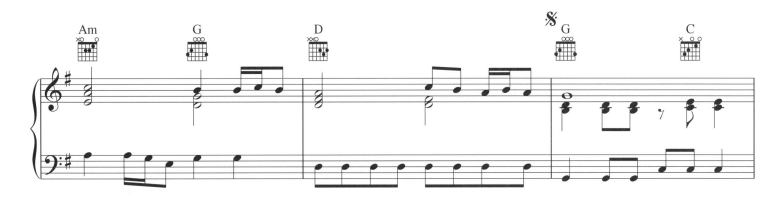

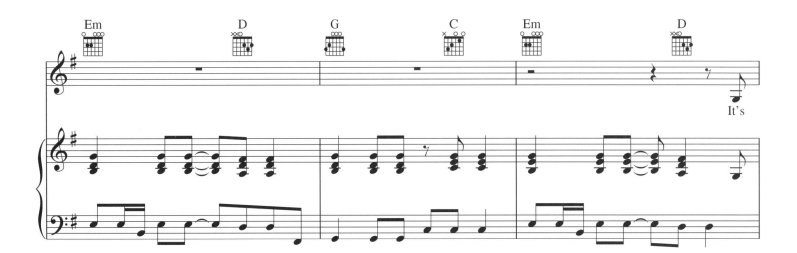

It's

more than a feel - ing, _____ when I
(More than a feel - ing.) _____

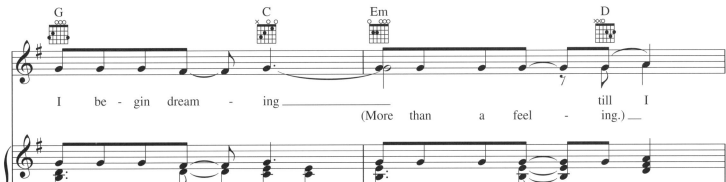

hear that old song __ they used to play, _____ and
(More than a feel - ing.) _____

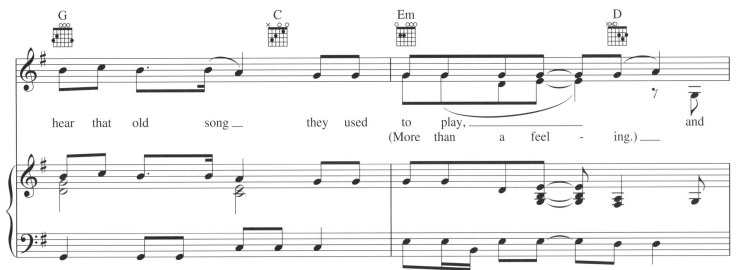

I be - gin dream - ing _____ till I
(More than a feel - ing.) _____

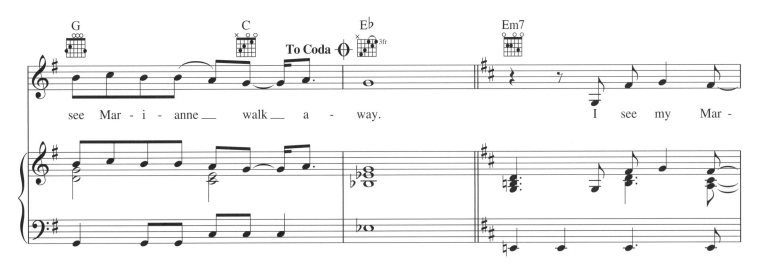

see Mar - i - anne __ walk __ a - way.   I see my Mar -

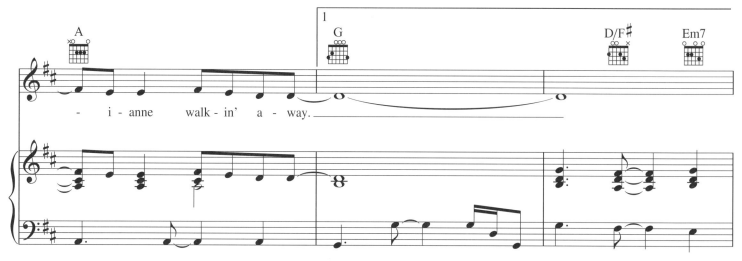

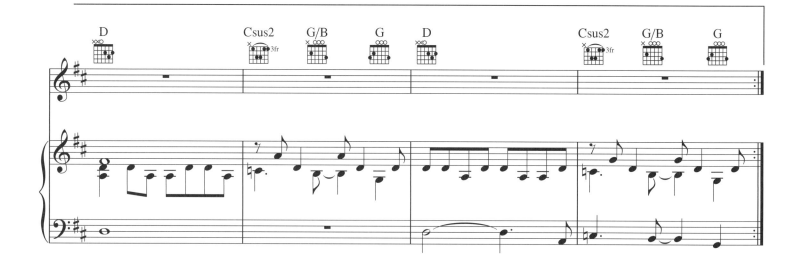

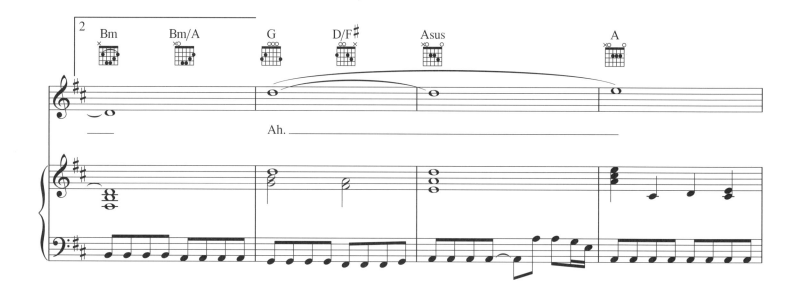

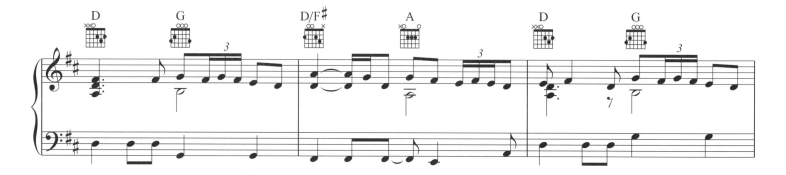

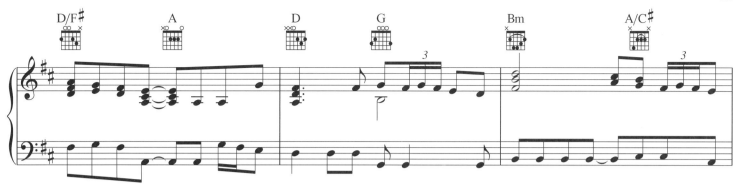

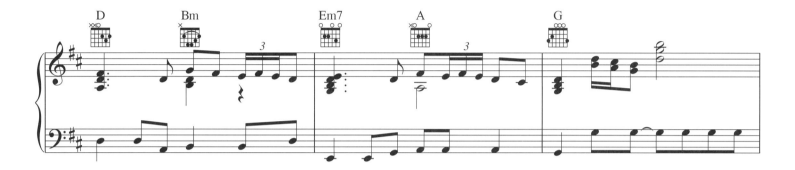

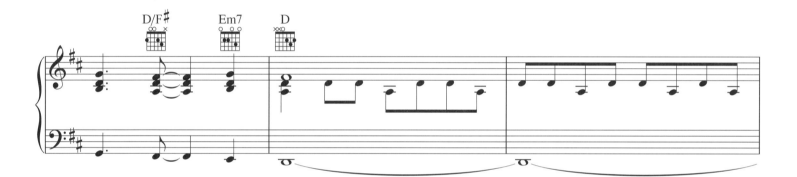

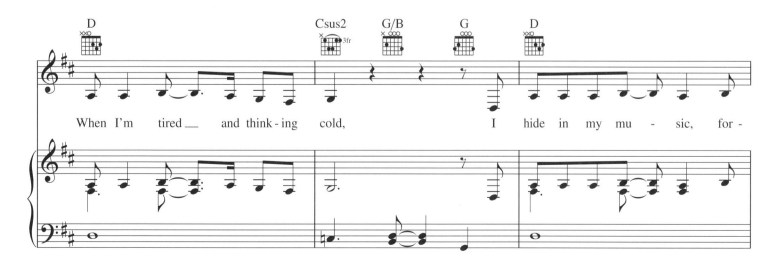

When I'm tired __ and think-ing cold, I hide in my mu - sic, for-

get the ___ day ___ and dream of a girl ___ I used to know. ___ I

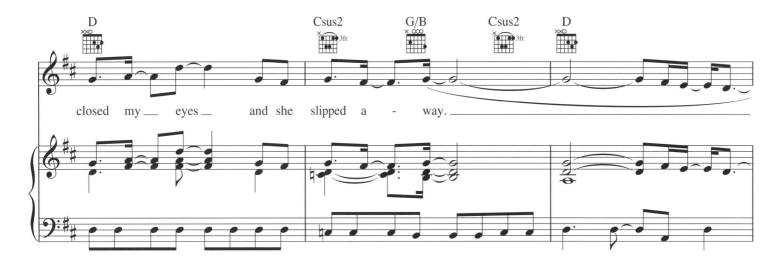

closed my ___ eyes ___ and she slipped a - way. ___

She slipped a - way. ___

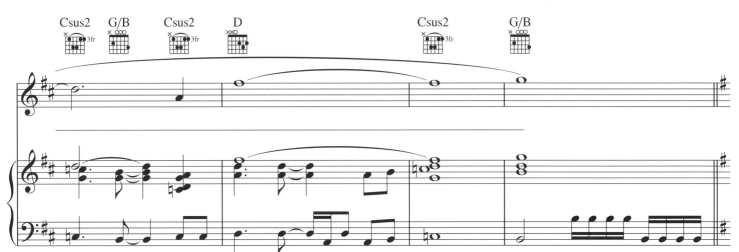

D.S. al Coda

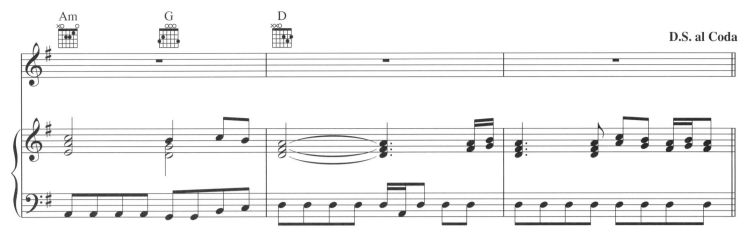

CODA

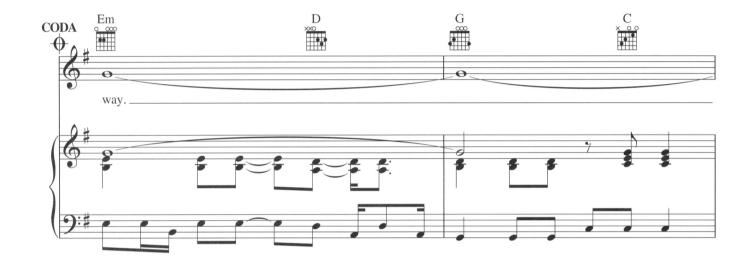

way. _____

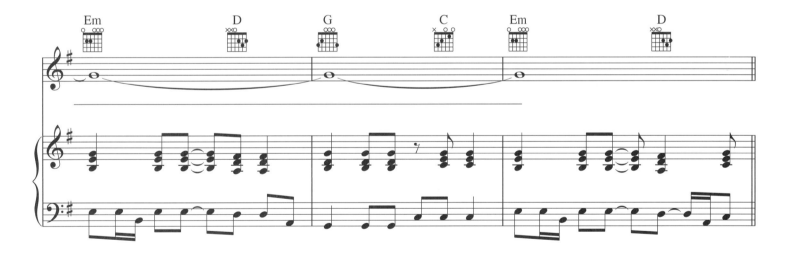

Repeat and Fade

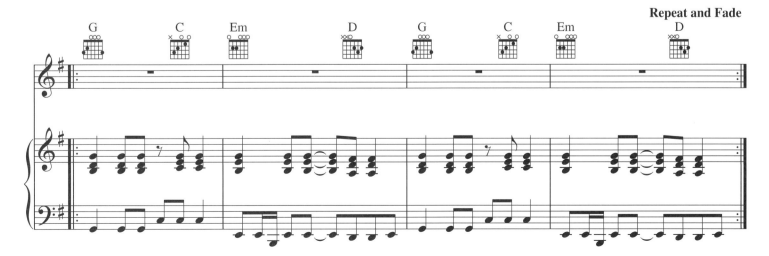

PARTY

Words and Music by TOM SCHOLZ
and BRAD DELP

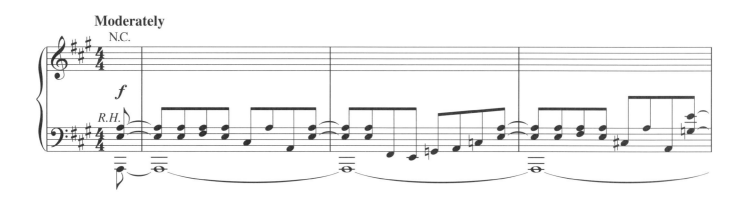

truth is known. _____ Let's get to - geth - er, hon - ey, it's al - right. _____

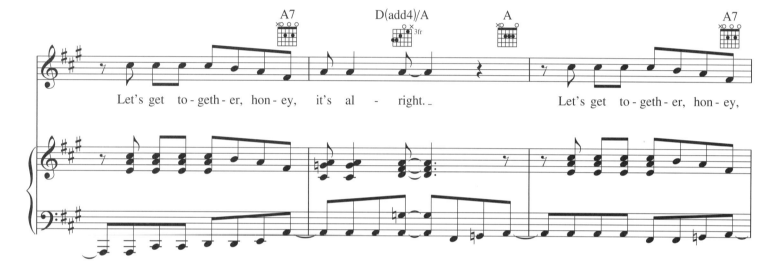

Let's get to - geth - er, hon - ey, it's al - right. _____ Let's get to - geth - er, hon - ey,

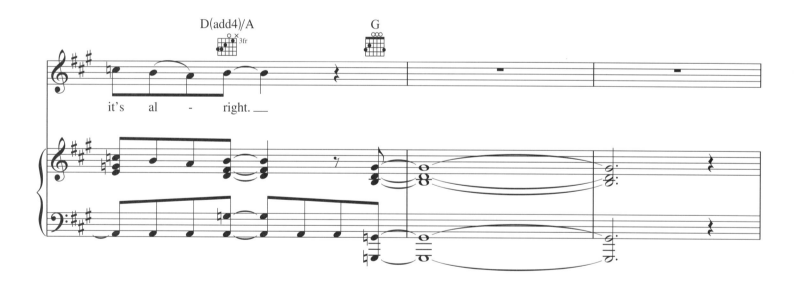

it's al - right. _____

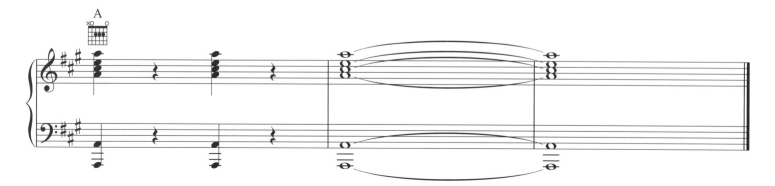

PEACE OF MIND

Words and Music by
TOM SCHOLZ

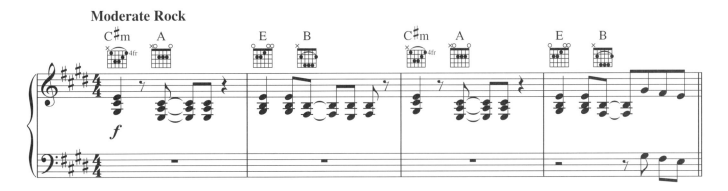

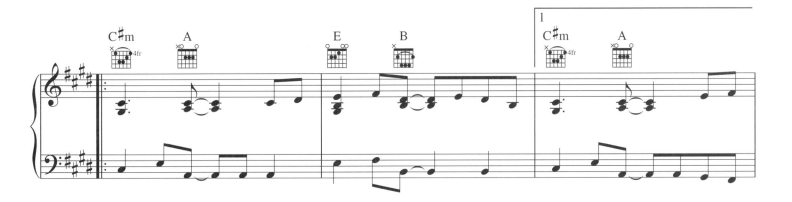

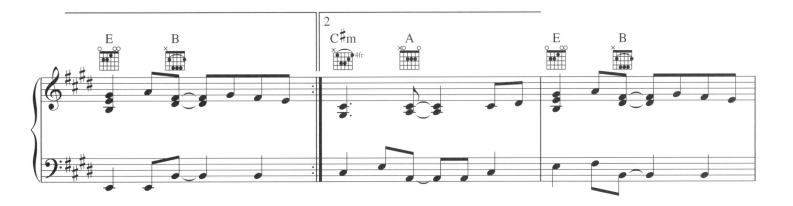

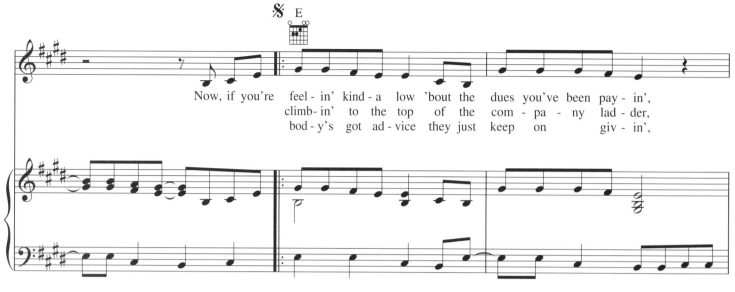

Now, if you're feel-in' kind-a low 'bout the dues you've been pay-in',
climb-in' to the top of the com-pa-ny lad-der,
bod-y's got ad-vice they just keep on giv-in',

fu-ture's com-in' much too __ slow. _____ And you wan-na run but some-how you just
hope it does-n't take too long, _____ Can't you see there'll come a day when
does-n't mean too much to me. _____ Lots of peo-ple have to make be-

keep on stay-in', can't de-cide on which way to go. _____ Whoa. __
it won't mat-ter, come a day when you'll be gone. _____
lieve they're liv-in'; can't de-cide who they should be. _____

Yeah, yeah, yeah.
Whoa. _____
Whoa. _____
I un-der-stand _ a-bout in-de-ci - sion, _ but

I don't care _ if I get be - hind. _ Peo - ple liv - in' in

com - pe - ti - tion; all I want _ is to have my peace _ of _____

mind. _____ Yeah. Woo. ___

Now, you're have my peace __ of ___

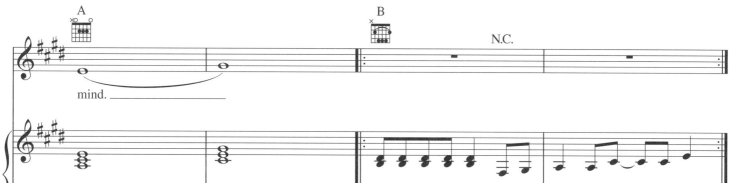

mind. _____

To Coda

Take a look a - head. Take a look a - head.

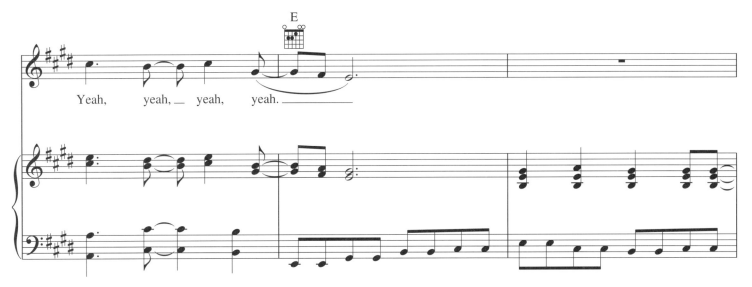

Yeah, yeah, yeah, yeah.

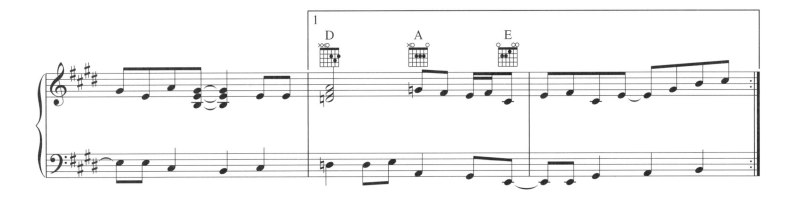

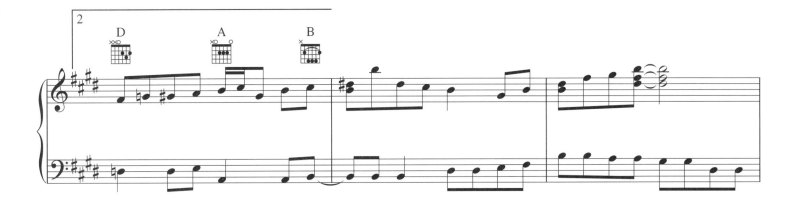

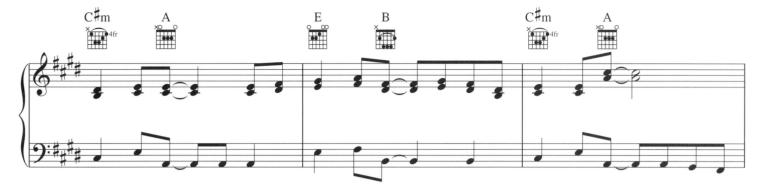

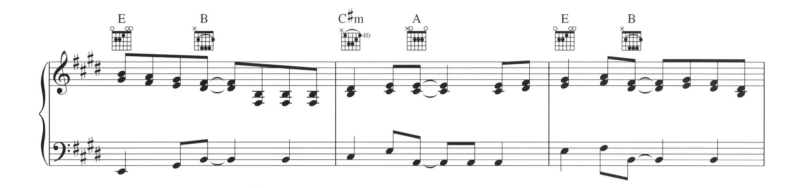

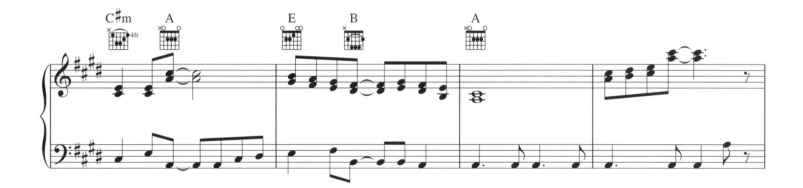

D.S. al Coda
(take 2nd ending)

Now, ev -'ry -

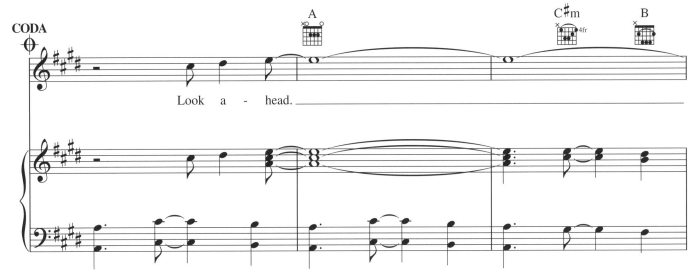

Look a - head.

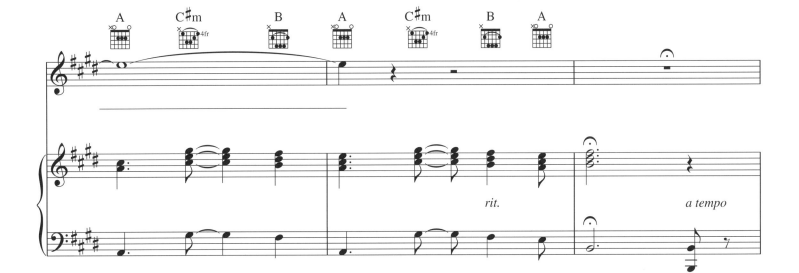

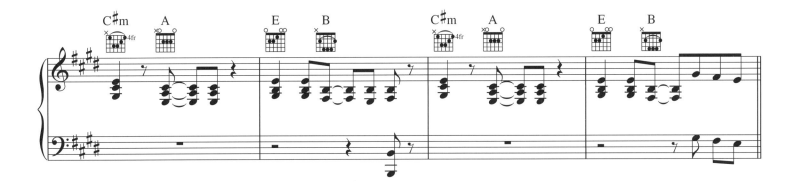

Repeat and Fade

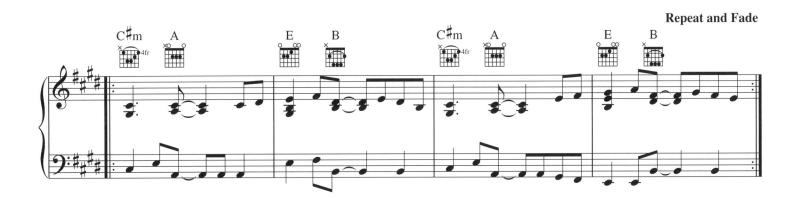

ROCK & ROLL BAND

Words and Music by
TOM SCHOLZ

Uptempo Rock 'n' Roll

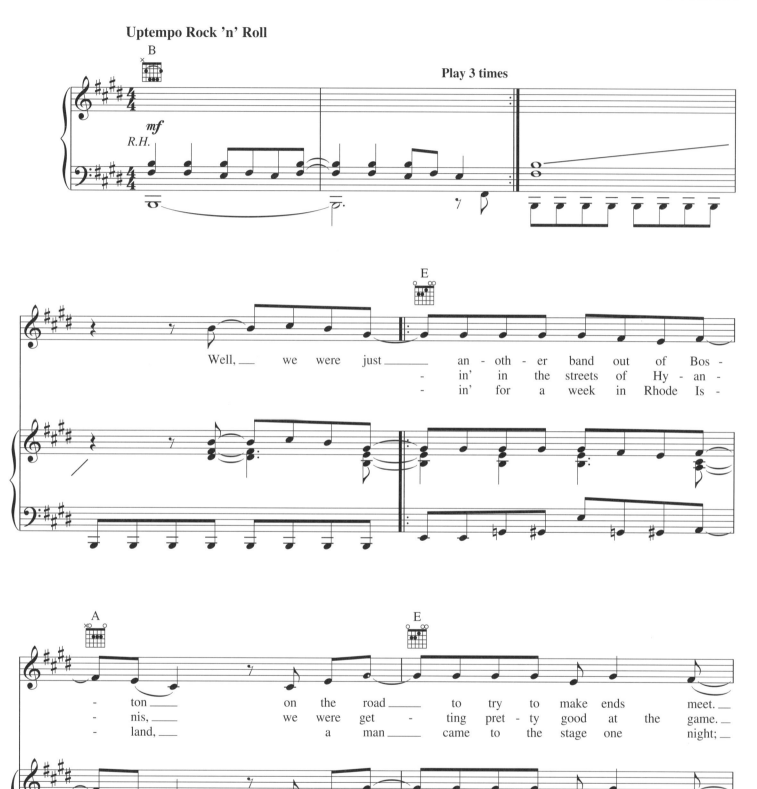

Well, ___ we were just ___ an-oth-er band out of Bos-
-in' in the streets of Hy-an-
-in' for a week in Rhode Is-

-ton ___ on the road ___ to try to make ends ___ meet. ___
-nis, ___ we were get-ting pret-ty good at the game. ___
-land, ___ a man ___ came to the stage one night; ___

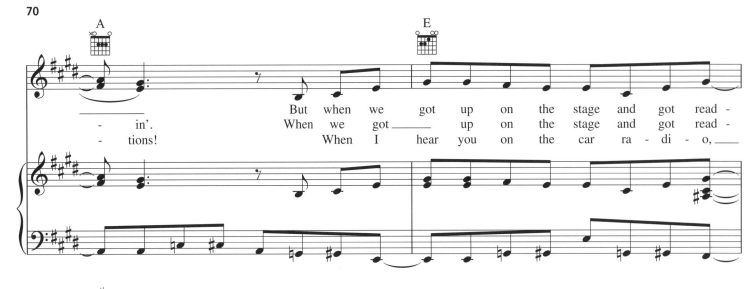

But when we got up on the stage and got read-
When we got up on the stage and got read-
tions! When I hear you on the car ra-di-o,

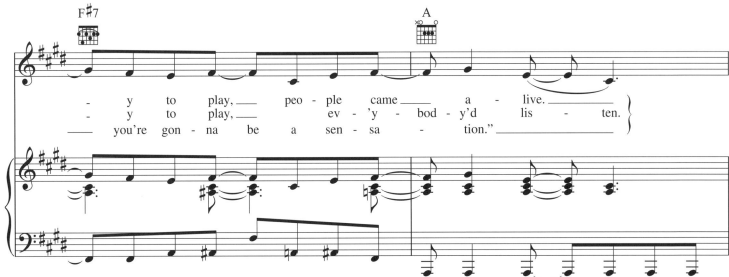

-y to play, peo-ple came a-live.
-y to play, ev-'ry-bod-y'd lis-ten.
you're gon-na be a sen-sa-tion."

Rock and roll band, ev-'ry-bod-y's wait-in',

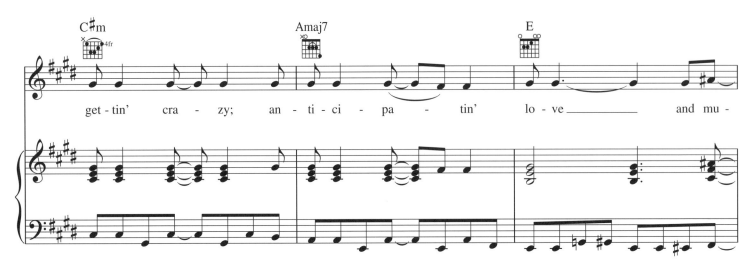

get-tin' cra-zy; an-ti-ci-pa-tin' lo-ve and mu-

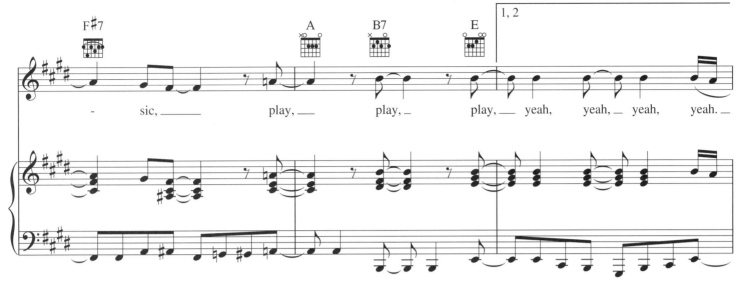

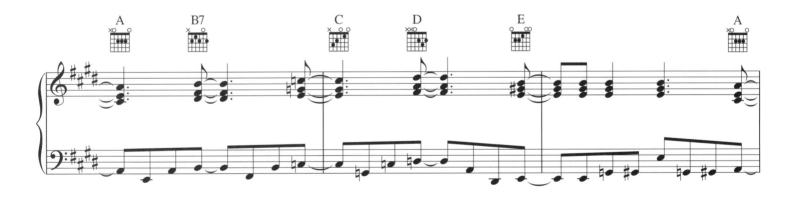

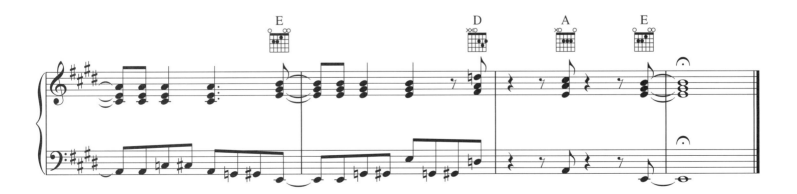

SMOKIN'

Words and Music by TOM SCHOLZ
and BRAD DELP

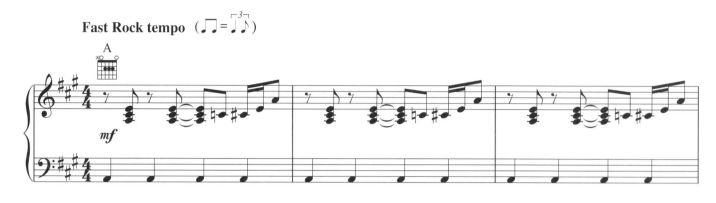

We're gon-na play you a song, a lit-tle bit of rock 'n' roll. __
feet to the floor, ev-'ry-bod-y rock 'n' roll. __
- 'ry-bod-y jump-in', danc-in' to the boog-ie to - night. __

You got-ta let your-self go, the
You got noth-in' to lose, __ it's just
Clap your hands, move your feet; __ if you

band's gon-na take con-trol. _____ We're get-tin'
rhy-thm and blues, __ that's all. _____ You're gon-na
don't, you know it don't seem right. _____ We're get-tin'

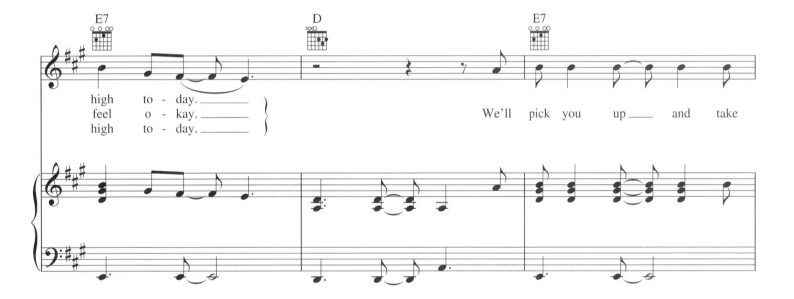

high to - day. _____
feel o - kay. _____ } We'll pick you up ____ and take
high to - day. _____

you a - way. _____ Get down to - night. __

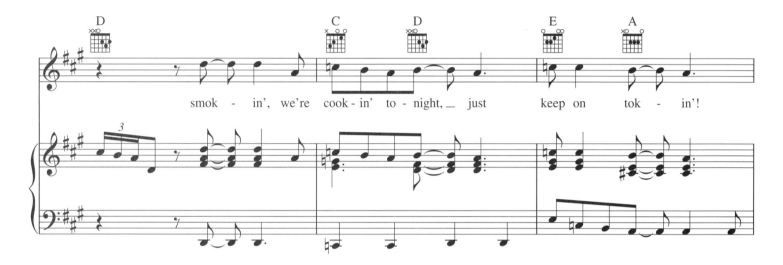

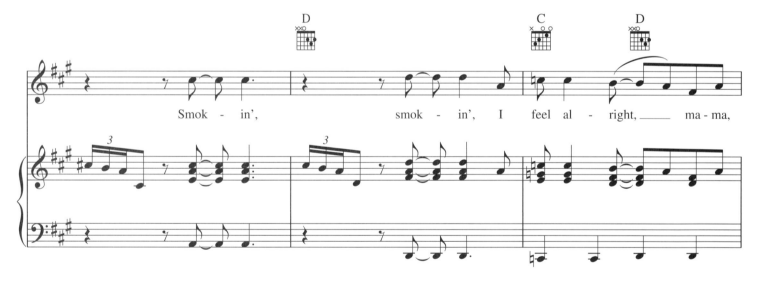

D.S. al Coda

Get your   Ev -

CODA

We're get - tin' high to - day. ____

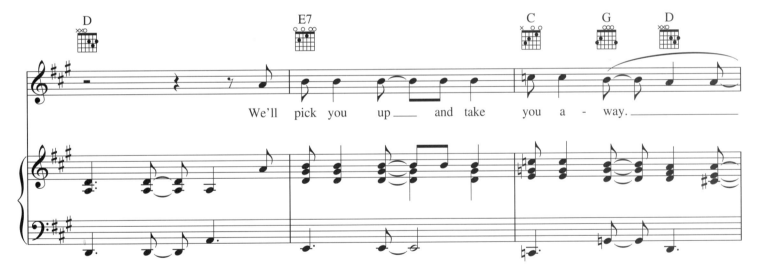

We'll pick you up ____ and take you a - way. ____

____   Get down to - night. ____   Well, al - right!

SOMETHING ABOUT YOU

Words and Music by
TOM SCHOLZ

Moderately bright

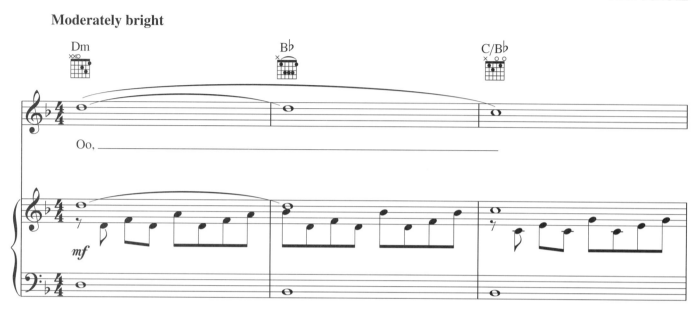

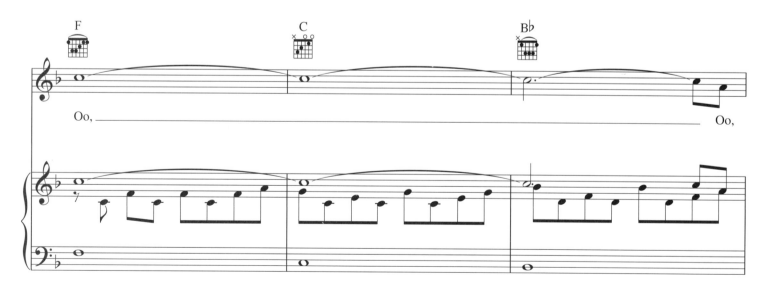

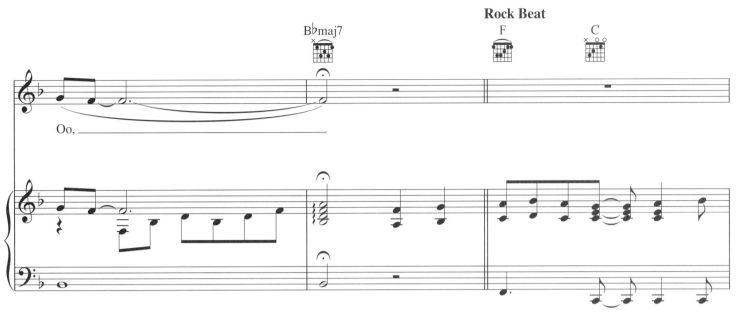

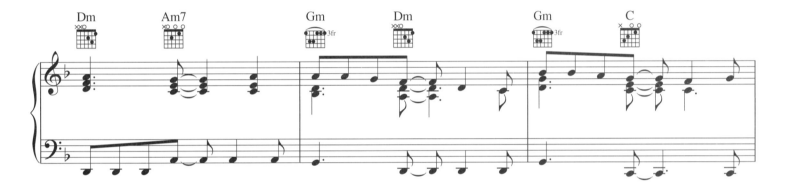

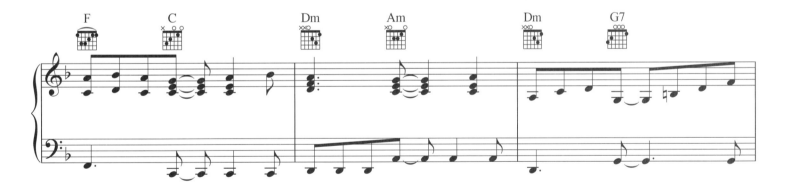

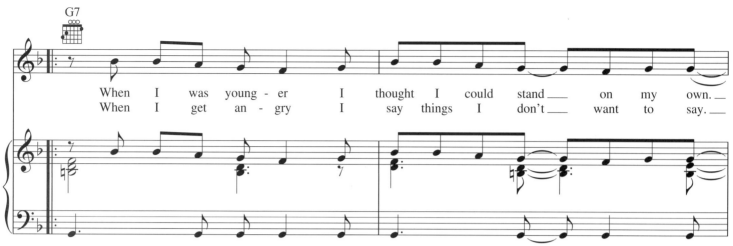

When I was young-er I thought I could stand ___ on my own. ___
When I get an-gry I say things I don't ___ want to say. ___

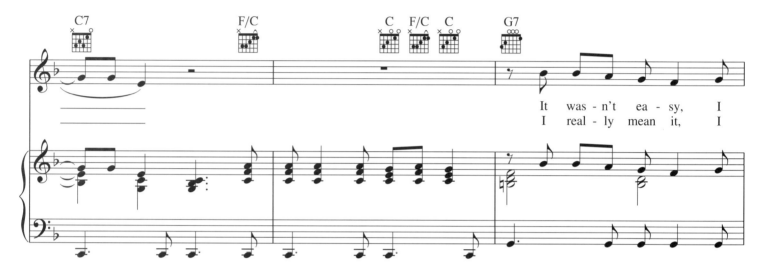

___ It was-n't ea - sy, I
___ I real - ly mean it, I

stood like a man ___ made of stone. _____
don't want to leave ___ you this way. _____

(1., D.S.) But there was some - thin' a - bout _____ you, _____
(2.) I could - n't help my re - ac - tion, _____

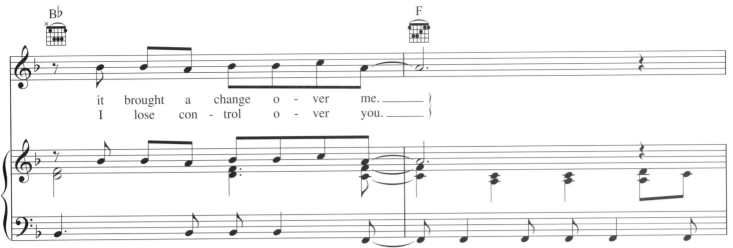

it brought a change o - ver me. _____
I lose con - trol o - ver you. _____

I've got this feel - in' in - side, _____ got to have _____

_____ you, have _ you, ain't _ no good to hide. _____ It is - n't eas - y to

show _____ what I'm feel - in' in - side, girl.

It is-n't eas - y, I know, _____ to be-

1, 2

2nd time D.S.

lieve in a man_ like me. _____

3

lieve in a man_ like me. _____ Can't you see? _____ I've

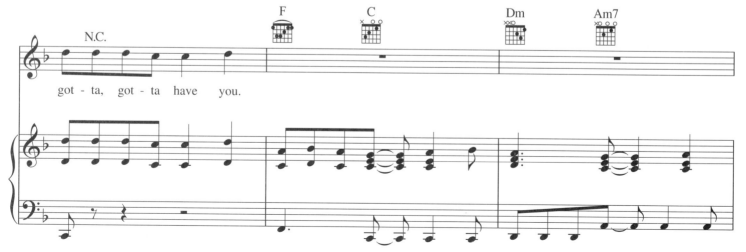

got - ta, got-ta have you.

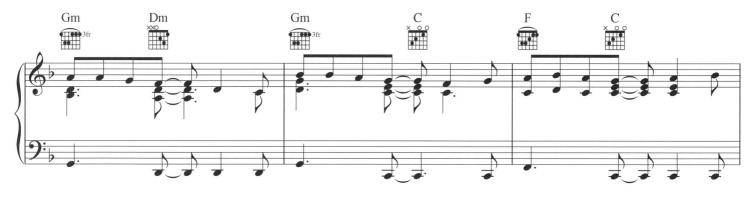

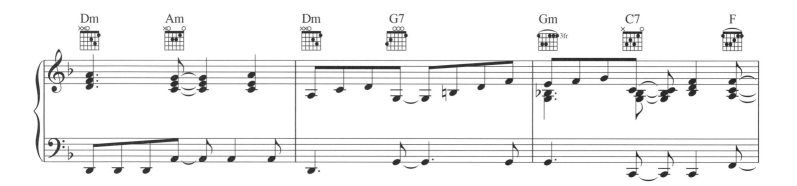

But there was some-thing a - bout__ you.

Yeah, there was some-thing a - bout ___ you, _____ oo. ___

USED TO BAD NEWS

Words and Music by
BRAD DELP

a-round plen-ty be-fore. ___ Had this heart ___ of mine bro-ken and more. ___
a-round plen-ty of times, ___ and I've read ___ be-tween all of the lines. ___

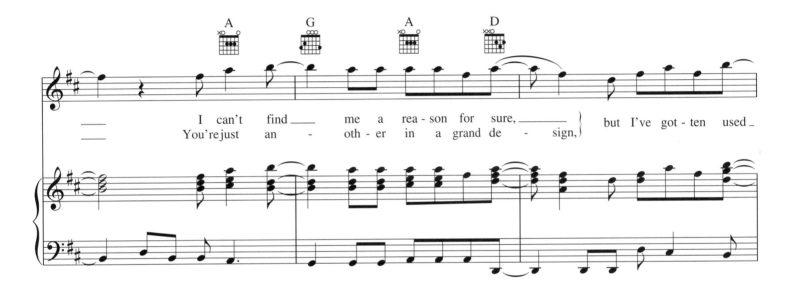

I can't find ___ me a rea-son for sure, ___ but I've got-ten used ___
You're just an - oth-er in a grand de - sign,

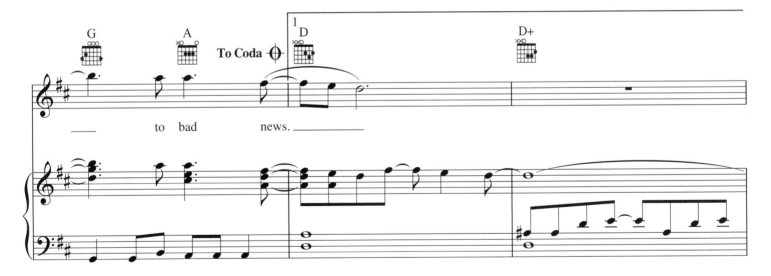

to bad news. ___

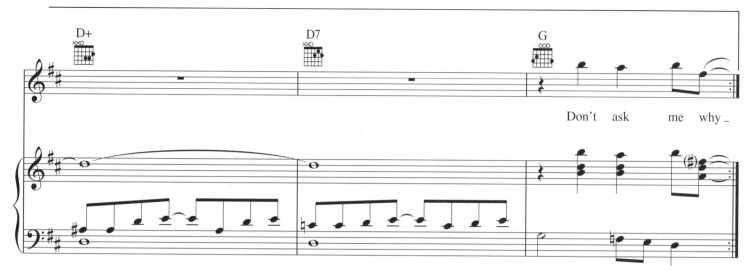

Don't ask me why _

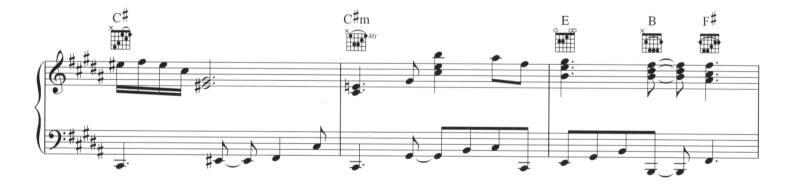

I know _ what you're say - in' is bad. _ It's not what I want - ed, but I'm

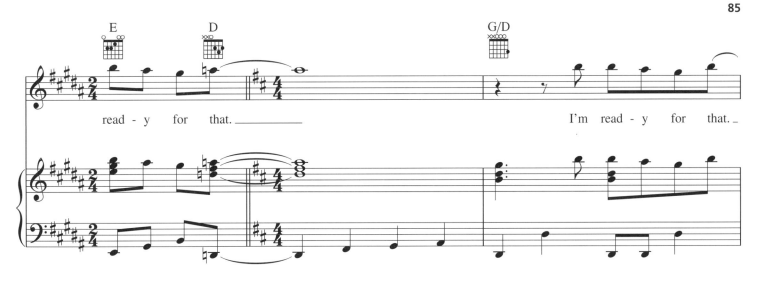

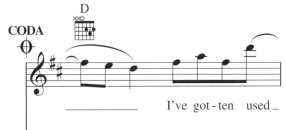

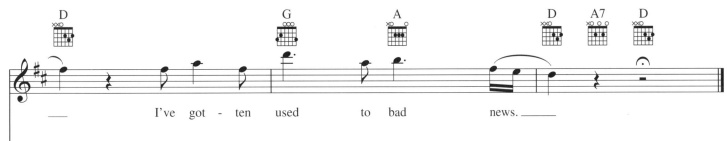